세상과 세상 사이

현대수필가100인선 Ⅱ·29

세상과 세상 사이

송연희 수필선

수필과비평사 · 좋은수필사

■ 책머리에

　수필은 누구나 부담 없이 읽고, 마음만 먹으면 직접 쓸 수도 있는 가장 친근한 문학이다. 다른 영역의 문학이 영상매체에 밀려 신음하고 있는 중에도 수필 인구만은 날로 증가하여 바야흐로 수필 전성시대를 구가하고 있는 이유도 거기에 있을 것이다.
　시대적 추세에 힘입어 수많은 수필전문지, 수필동인지가 창간되고, 이에 비례하여 신진 수필가도 날로 늘어나다 보니 이제는 그 많은 작가, 그 많은 작품 중에서 문학성 높은 작품을 가려 읽는 일이 쉽지 않게 되었다. 이런 현상은 작가에게나 독자에게나 결코 바람직한 일이 아니다. 더 나아가서는 수필을 연구하는 후세들에게도 큰 부담이 될 것이다.
　이런 문제를 해결하는 데는 출판인도 마땅히 한몫을 감당해야 한다는 평소의 소신에 따라, 본사가 기꺼이 그 역할을 맡기로 했다. 그 첫 번째 사업으로 시대를 대표할 만한 수필가 100인을 선정하고, 작가가 자선한 40편 내외의 작품을 수록한 문고본을 발간하여 이를 널리 보급함으로써 그 소임을 다하고자 한다.
　본사는 사명감을 가지고 이 사업을 추진해 나가기로 했다. 작가 선정을 전담할 편집위원회를 구성하고 전권을 위임하여 일체의 사적인 정실이나 청탁을 배제함으로써 전문성과 공정성을 확보해 나갈 것이다.
　따라서 이 기획물 속에는 작가의 문학정신뿐만 아니라, 본사의 문학사적 기여 의지와 편집위원 제위의 수필문학에 대한 애정과 문인으로서의 양심이 함께 담겨 있음을 자부한다. 다만, 작가를 선정하는 기준에는 많은 견해의 차이가 있을 수 있고, 선정 과정에서도 미처 챙기지 못한 부분이 있을 것이라는 사실만은 인정하지 않을 수 없다. 이 점에 대해서는 관계자 여러분의 양해 있으시기 바란다.

이 시리즈의 발간 순서는 작가, 또는 본사의 사정에 의한 것일 뿐 그 밖의 어떤 기준도 적용하지 않았음을 밝힌다.

본 기획물이 시대를 초월한 많은 수필 애호가들의 관심과 애정 속에 우리나라 수필문학 발전에 한 이정표가 되기를 바랄 뿐이다.

본사에서는 이상과 같은 취지로 『현대수필가 100인선』 전 100권을 완간하여 큰 반향을 불러일으킨 바 있다.

그러나 우리 수필문단의 규모나 수필문학의 수준에 비추어 선정 작가를 100인으로 한정하는 것은 형평성이나 효율성 면에서 크게 부족하다는 의견이 많았고, 본사 또한 이를 통감하던 터라 기꺼이 『현대수필가 100인선 Ⅱ』를 발간하기로 했다.

본사의 충정에 찬동하여 출판에 응해주신 저자 여러분께 진심으로 감사한다.

2014년 9월

수필과비평·좋은수필 발행인 서정환
현대수필가 100인선 간행 편집위원 박재식 최병호
정진권 강호형
오세윤

| 차례 | 현대수필가100인선 II · 29

1_ 별 떴다

앞다리 고기 • 12
벌레 • 17
아들의 방 • 21
별 떴다 • 25
고양이를 부탁해 • 29
숫돌 • 33
세상과 세상 사이 • 37
뿔 • 41
따뜻한 그늘 • 45
화신가락和信家樂 • 49

2_ 아내가 변했다

그립다, 탄력 • 54
아내가 변했다 • 59
벌컥男과 꼴깍女 • 64
마른풀 • 68
孤馬大江何以笑 • 72
사랑을 잃다 • 76
한 상牀 받다 • 80
그날 밤 무슨 일이 • 85
점옥이 • 89
해바라기 • 95

3_ 어머니의 밭

달빛 아래 사과를 묻다 • 102
어머니의 밭 • 107
그 겨울의 아침 • 111
기다리는 여자 • 117
단골도 나이를 먹는다 • 123
나는 콜택시 • 128
바람이 잔다 • 133
낮달 속의 낮 • 138
배롱나무를 접하다 • 142
다대포 • 147

4_ 봄은 콧등을 깬다

손에 대한 생각 • 152
팔짱 끼기 • 156
다이아몬드 브리지 • 160
봄은 콧등을 깬다 • 165
이웃집 은행나무 • 169
내 안의 그물 • 172
웃어주는 일 • 176
중산층별곡 • 181
부엉이 눈알 같은 손님 • 187

■ 작가연보 • 191

1부

앞다리 고기
벌레
아들의 방
별 떴다
고양이를 부탁해
숫돌
세상과 세상 사이
뿔
따뜻한 그늘
화신가락和信家樂

앞다리 고기

저녁비가 술을 부른다. 내 마음이 아니고 그의 눈빛이 그렇다. 술꾼이랑 오래 살다보니 술이 댕기는 날을 대충 짐작한다. 정구지에 풋고추를 썰어 넣고 매콤하니 전을 부친다. 이런 날은 막걸리가 제격이다.

그를 보면 술의 선호도 나이에 따라 변하는 것 같다. 모든 것이 팽팽했던 젊은 시절엔 소주를 좋아했다. 술은 화끈하게 취하는 맛에 마시는 거라고 했다. 아내도 소주 같기를 바라는 눈치였지만, 나는 매사가 늘 김빠진 맥주처럼 덤덤한 여자였다.

요즘 그는 막걸리를 마신다. 워낙 술을 좋아하다 보니 별의별 과일주를 다 만들어 그동안 마셔왔다. 짧게는 석 달에서 수년도 더 넘게 숙성시켜 공들인 술을, 번번이 주당酒黨들을 몰고 와서 바닥을 내는 바람에 요즘은 아예 담그지 않는다.

그도 이제는 술이 버거운지 채근도 하지 않고 나름 순한 막걸리를 곡주라며 즐긴다. 술의 섭렵시대가 정착하는 느낌이다.

 남편은 유난히 육식을 즐긴다. 고기라면 종류를 가리지 않는 편이다. 특히 돼지고기 목살을 좋아한다. 아이들도 아버지 식성을 닮았다. 세 아이가 중고등학교를 다닐 땐, 한 번 먹으려면 한두 근은 붙일 데가 없어 대여섯 근은 구워야 했다. 그럴 때면 상추도 큰 소쿠리에 가득 씻어놓았다. 그는 상추도 잎이 좀 빳빳하니 붉은 빛을 띠는 조선상추를 좋아하고 대궁도 툭툭 분질러 막장에 찍어먹는다. 그때는 아이들이 한창 클 때라 그랬는지, 움이 달아 그랬는지 구워내기가 바쁘게 없어졌다. 내 입에 들어오려면 식구들이 어지간히 배를 채우고 뒷전으로 물러앉은 뒤라야만 했다.

 한번은 고기를 구워먹는데 둘째가 보이지 않았다. 거의 다 먹었을 무렵에 들어온 아이는 프라이팬에 몇 조각 붙은 고기를 보더니 앙하고 울음을 터뜨렸다. 지금도 어쩌다 그맘때를 떠올리면 웃음이 나다가도 마음이 짠하다. 한창 먹이고 입히고 할 때가 좋았던 것을, 그때는 왜 그토록 힘들다는 생각만 했는지 모르겠다. 사람들이 '가난한 날의 행복'을 반추하는 마음은 부족해서 채워주지 못했던 안타까움이 그 안에 배어 있기 때문이다. 가끔 적막함에 가슴이 써늘해지는 날은 식구들이 부대끼며 내던 온기가 그립기만 하다.

 요즘은 날씨가 더운 탓도 있지만 부엌에 들기가 싫다. 여자가 부엌이 싫어지면 곳간 열쇠를 며느리에게 넘겨주고 물러앉을 때라고 한다. 넘겨 줄 열쇠도 없지만 지금이 어떤 세상이라고 며느리한테서 끼니 봉양을 받는단 말인가. 아마 내가 일선一線에서 물러날 때는 수저를 놓는 날이 될 것이다. 내 입 하나면 먹든 굶든 할 텐데 남편은 때마다 은근히 별미 같은 걸 바란다. 아직도 착각할 게 남았는지 아내가 우렁각시라도 되는 줄 안다.

불 앞에 서 있는 시간을 줄이려면 간단히 먹는 수밖에 없다. 요즘 마트에 가면 즉석 식품으로 없는 게 없다. 자장면, 냉면, 카레, 만두 등 이것저것 사서 냉장고에 넣어둔다. 냉면으로 한끼 때우는 날은 대신 갈빗살을 넉넉하게 삶는다. 그런데 요즘 돼지고기값이 만만치 않다. 전에는 백 그램에 천 원 정도 하던 것이 요즘은 곱도 더 올랐다. 고기를 살 때마다 자꾸 가격표를 보게 된다. 나라의 경제사정은 시장바구니 물가를 보면 안다더니 그 말이 실감난다.

오늘은 가격이 싼 앞다리 고기를 샀다. 남편은 상추에 고기와 마늘·풋고추를 얹고 쌈을 싸서 볼이 미어지게 먹는 스타일이다. 타고난 머슴 식성은 좀처럼 바뀌지도 않고 고치려고도 않는다. 그는 시골 촌村자 붙는 걸 좋아한다. 가령 두부도 순두부나 손두부가 아니라 '촌 두부'라야 하는 식이다. 본래 생긴 대로 살자가 그의 주관이고 요즘은 나도 그렇게 따라간다. 부창부수夫唱婦隨가 별건가.

"고기가 텁텁하네!"

다른 때와 달리 타박이다. 돼지고기 맛에 관한 한 경지에 다다른 것 같다. 나는 속으로 찔끔하면서도 '고기 맛이 다 그렇지 뭐.' 하며 상을 치운다. 설거지를 하려니 은근히 부아가 난다. 나도 참 아낄 걸 아껴야지, 먹으면 얼마나 먹는다고, 식비 줄여가며 살림 꾸려 갈 만큼 팍팍한 나이는 지났지 않은가. 접시도 그런 내 마음을 읽었는지 손에서 미끄러지며 소리를 낸다.

아침부터 비가 내린다. 묵은 김치를 숭숭 썰어 넣고 앞다리 살을 듬뿍 넣는다. 참기름 한 방울 넣고 달달 볶는다. 이럴 땐 내 속에 것도 다 꺼내어 볶아야 한다. 비릿한 생각, 섭섭한 마음, 옹색한 변명까지 볶아서 익혀야 한다. 물을 붓고 끓이다가 파를 숭덩숭덩 썰어 넣고 간을 본다. 묵은 김치가 돼지고기와 어우러져 식욕을 돋운다.

"아 시원하다."

남편은 찌개를 한 숟갈 뜨더니 구수하니 맛있다고 한다. 수육을 했을 때 텁텁하던 맛이 찌개를 했을 때 구수하다는 것은, 고기도 부위별로 쓰이는 용도가 다른 걸 미처 생각하지 못했다.

식육점에 가보면 나름대로 모양을 낸 고기 앞에다 명찰을 달아 놓는다. 수육용, 불고기용, 구이용, 찌개용, 돈가스용. 그렇다면 앞다리 고기는 분명 찌개용이었음에 틀림없다. 앞다리 살이건 갈빗살이건 삶으면 다 같은 맛이려니 했던 주부 수십 년차가 무색하다. 묵은 김치엔 껍데기 붙은 앞다리 살이 어울리는 궁합인 걸, 일상의 도道를 깨치는 것도 그냥 얻어지는 건 아닌가 보다.

  오늘도 식육점 앞에서 걸음을 멈춘다. 이름표가 붙은 고기들을 일별한다. 냉면 철도 끝나가니 수육용 고기는 사지 않아도 될 것 같다. 묵은 김치를 없애려면 아무래도 김치찌개가 최고다. 어김없이 오늘도, 아니 당분간 앞다리 고기다.

2012년

벌레

 배낭을 멘 남자가 전철 안으로 들어온다. 배낭이 불룩한 걸 보니 산나물이라도 들어 있나 보다. 등산화에 먼지가 뽀얀 걸로 봐서 어디 먼 산을 갔다 온 것 같다. 그가 바짓단에서 뭔가를 툭 털어낸다. 전철 바닥에 떨어진 건 마른 검불 몇 개와 검은 빛을 띤 작은 벌레다. 어쩌다 이곳까지 온, 털이 송송한 벌레는 죽은 듯 가만히 있다.
 벌레에게서 시선을 뗄 수가 없다. 눈이 심심하던 차에 볼거리 하나가 생긴 셈이다. 벌레는 이제 정신을 차렸는지 조금씩 움직이기 시작한다. 고개를 들고 조금 기어가다가 신발이 지나갈 땐 고개를 움츠리는 것 같다. 금방이라도 누군가의 발밑에서 죽을 것 같은 생과 사의 절박한 기운이 눈앞에서 벌어지고 있다. 그러나 그런 불상사는 일어날 것 같지 않다. 위험을 감지하는 안테나가 놈에겐 있는지 커다란 신발도 슬쩍 피하고 뾰족한 하이힐도 스치듯 지나간다. 놈은 일보 전진하다가 우로 방향을 틀고 멈췄다가 다시 기어간다.

남자가 배낭을 메고 일어난다. 죄 없는 생명 하나를 데려와 미아를 만들어놓고 가버린다. 전철 안의 누구도 사투를 벌이는 벌레 따위엔 관심이 없다. 나만 놈을 주시하고 있다. 놈이 저토록 온 후각을 동원하여 필사의 탈출을 시도할 때, 내가 조금만 아량을 베푼다면 녀석은 이 위험에서 빠져 나갈 수 있다. 그러나 전혀 그럴 마음이 없다. 나는 지금 철저히 방관자일 뿐이다.

내가 삶이라는 전철 안에서 절박하게 사는 동안 아무도 내게 관심을 보이지 않던 것처럼 지금의 나도 그렇다. 어쩌면 지금의 내 모습 또한 누군가는 관찰하고 있을지 모르겠다. 내가 생존을 위해 안간힘을 쓸 때, 그 누군가도 내게 응원을 보내며 용을 쓰고 있었을까. 내가 위험에서 녀석을 구해주진 않으면서 살아서 이 공간을 빠져나가길 비는 것처럼 말이다.

이윽고 놈은 이제 방향을 바꾸려는 몸짓을 한다. 풀 냄새 비슷한 걸 맡았는지, 나뭇가지를 타고 오르던 기억을 떠올렸는지 머리를 한껏 치어든다. 놈은 운동화가 풀빛을 닮은 아가씨의 신발을 오르기 시작한다. 고물고물 오르는 모습이 기특하다. 절벽이나 다름없는 수직의 공간에서 떨어질까 싶어 괜히 마음이 조마조마하다. 잠깐 전철역을 일별하는 사이에 놈이 모습을 감춰버렸다. 운동화 끈이 있는 곳으로 파고들어 코를 박고 있는 모양이다.

운동화가 일어나 나간다. 그 자리에 아무 것도 없다. 놈도 함께 나갔나 보다. 하여간 녀석은 대단하다. 신발들이 난무하는 전철바닥에서 십여 분을 버티다가 밖으로 나간 걸 보면 말이다. 놈에게 오늘은 새로운 세계를 경험한 운수 좋은 날이었으면 좋겠다. 구사일생으로 제가 살던 풀숲으로 돌아간다면 참으로 할 말이 많을 것이다.

가끔은 나도 이 변변찮고 시큼털털한 세상을 벗어나고 싶을 때가 있다. 그것이 설령 지리멸렬한 삶에 종지부를 찍을 사건이면 어떤가. 죽을 만큼 누군가를 사랑한 기억도, 아프게 끌어안고 싶은 어떤 것도 없는 밋밋한 삶에, 번쩍하고 들이댈 비수 같은 거 하나 덜컥 내 그물에 걸렸으면 좋겠다.

오늘 밤 그 놈은 무사히 밤이슬 내린 길섶에라도 기어들었을까. 지금쯤 녀석이 반짝이는 별을 보며 오늘 참 많은 것을 구경했다고, 전철 안에서도 살아서 돌아왔다고 홀로 낄낄거리고 있으면 좋겠다. 온갖 무서움과 갖은 어려움을 겪으며 어른이 되어 한 가정의 가장이 되고, 새끼를 낳아 기르며 그 새끼 때문에 웃기도 하고 가슴도 쳐가며 살아가야 하지 않을까. 인간 세상이나 미물들의 삶이나 살아가는 모양새는 크게 다르지 않을 테니 말이다.

어찌 보면 나도 벌레 같다. 조금 전 벌레가 멋모르고 전철 안으로 들어왔듯이, 나도 지금 아무것도 모르는 채로 어딘가로 가고 있는 중이다. 오늘 벌레가 당한 것처럼 위험에 처했을 때가 어디 한두 번이었던가. 달콤한 향기에 취하여 손을 내밀다 가시에 찔리고, 잔잔한 바다인가 하고 발을 디뎠다 빠지기도 했다. 세상은 나를 패대기치기도 하고 과하게 상금을 주기도 하였다.

살다보니 이제 내게도 배짱이라는 것이 생겼다. 하다가 안 되면 그만 두면 되고. 미련이 남은 건 다시 시작하면 되고. 이 나이 되어 생각해보니 삶은 고민하고 끙끙거리며 끌어안고 있다고 해결되는 것이 아니다. 내려놓고 털어버리고 내 안에서 내보내고 그러면서 단순하게 살아가는 것이다. 죽을 것처럼 힘들어했던 그런 날들도 다 지나가는 소나기 같은 거였다. 소나기는 잠시 피하면 되는 것을 그때는 무슨 고집으로 다 맞으려고 했는지, 그게 다 젊은 탓이었을 것이다.

언제쯤 나는 이곳에서 내리게 될까. 운동화가 그 놈을 데리고 갔듯이 나도 누군가가 데리고 갈까. 처음 내가 왔던 곳으로 돌아가면 나는 뭐라고 이곳을 얘기할 수 있을까. 즐거운 여행이었다고 후회 없는 삶이었다고 말할 수 있을 것인가. 언제쯤이 될지 모르지만 조금 전 그놈처럼 그때까지 잘 버틸지 모르겠다.

2011년

아들의 방

컴퓨터가 있다는 핑계로 아들의 방에 머무르는 시간이 많다. 주인 없는 방은 고요와 먼지와 곰팡이 냄새로 가라앉아 있다. 가끔씩 바람을 바꿔 넣어야 원래 주인의 냄새가 잡힐 듯 묻어난다.

방주인은 먼 곳에 가 있다. 뒤로는 첩첩산중이요, 앞은 망망대해인 곳에서 심신을 수련중이다. 천둥번개 치는 밤이 너무 무섭고, 칠흑같이 어두운 밤은 긴장으로 다리가 뻣뻣해진다고 실토하는 아들.

전에는 비가 오면 오는가 보다. 천둥이 치면 그런가 보다 싶었다. 그런데 요즘 비라도 거칠게 오는 날은 밤새 뒤척거리느라 잠을 이루지 못한다. 바닷가 초소에 보초병을 아들로 둔 엄마는 밤마다 하늘을 보며 보초를 선다.

받아놓은 날이라고 어쩜 그리도 빠를까. 태연한 척해도 가슴이 답답했다. 아이는 달력에 동그라미를 쳐놓고 어디를 그렇게 나다니는지. 하루하루 입영날이 다가올수록 아이의 얼굴 보기가 안쓰러웠다. 하필이면 그렇게 멀리라니. 그럴 때마다 아이는 어디로 가나 군대라는 곳은 다 똑같다고 했다. 그래도 그렇지. 이럴 때 나는 왜 군대에 가는 아들녀석 좋은 곳으로 빼낼 든든한 배경 하나가 없을까. 평소에는 별 두 개 단 장군이 친구라고 큰소리치던 남편도 자기 아들 영장 받고는 말이 없다. 남자가 군대를 가려면 전방으로 가야지, 사내자식이 군대 가서 고생 안하면 언제 해. 속 빈 큰소리나 탕탕 친다. 걱정 속에 그날이 왔다. 아들을 군대에 보내며 겪었을 수많은 어머니들의 속고통이 내 가슴에 무게를 더하던 그날 새벽.

아홉 시쯤 간다는 아이보다 먼저 집을 나섰다. 대문까지 따라 나오는 아이에게 뭐라고 할 말이 없었다. 아이를 바로 쳐다보았다간 눈물이 쏟아질 것 같았다. 잘 가거라. 그 말만 등 뒤의 아이에게 빠르게 말하고 버스정류장까지 달리듯 걸어갔다. 눈을 섬벅거리며 하늘을 봤다. 군데군데 멍든 자국처럼 푸릇푸릇한 구름 낀 하늘이 내 마음만큼이나 우울해 보였다.

보름 만에 아이의 방문을 열었다. 떠나기 전날 청소를 해놓은 방은 깨끗했다. 그냥 둬, 내가 치울게. 아니요, 제가 치워야죠. 괜히 내 방 치우다시다가 엄마 울면 어떻게 해요. 울긴 내가 왜 우니, 속이 다 시원하다. 마음에 없는 말을 하면서 돌아 나오던 아들의 방. 아이의 씨익 웃는 얼굴이 그 방에 있었다. 웃음소리도 말소리도 방 구석구석에 배여 벽을 툭 치면 와르르 쏟아질 것만 같다.

군부대에서 편지가 왔다. 훈련받는 곳의 중대장이었다. 퇴소하는 날은 다음 달 초순이란 것과 면회를 오는지 여부를 알려달란다. 강원도 고성 죽왕리. 그곳 지명이 나오는 지도를 구해 벽에다 붙였다. 누워서도 잘 보이게 죽왕리에 동그라미를 그렸다. 동해안 최북쪽 그곳에 아이가 있다는 생각만으로도 가슴이 서늘했다. 밤에 자리에 누우면 지도를 쳐다본다. 그리곤 아이를 만나러 간다. 눈으로만 가는데도 너무 멀어 몇 번이나 쉰다. 바다를 떠올리며 가다가 쉬다가 나는 그만 돌아눕는다.

왜 그래? 그가 묻는다. 뭘요. 내 목소리가 찡찡하다. 괜히 민망하여 텔레비전을 툭 끈다. 지금쯤 아이는 무얼 할까. 잠이 많은 아이라 언 병아리마냥 어디서나 꾸벅꾸벅 조는 것은 아닌지. 고참한테 밉보여 얻어맞는 것은 아닐까. 그 가을 귀뚜라미는 왜 그리 아이의 방 앞에서 울어대는지, 밤마다 내 안에 들어와 칭얼거렸다.

밤이 이렇게 긴 줄을 몰랐어요. 바다가 저렇게 막막할 수가 없어요. 그런 편질 받은 날은 내게도 하루가 길기만 했다. 사탕 한 개에 가슴까지 떨리는 감동을 느껴본 적 있으세요.

과자 포장지만 봐도 반가움에 눈물이 나요. 인간의 마음속에 먹는 것에 대한 애착이 이렇게 크게 자리 잡고 있는 줄 정말 몰랐어요. 그런 편질 읽은 날, 나는 도저히 밥을 먹을 수가 없었다. 시간이 소중하다는 것을, 자유가 왜 필요한 것인 줄을 이제야 느껴요. 책을 읽을 수 있다면 얼마나 좋을까요. 그럴 때면 아이가 읽던 책을 펼쳐봤다.

아이의 편지는 계속해서 날아왔다. 편지를 받아보는 횟수가 늘어날수록 조금씩 적응해가는 모습이 보였다. 절이 삭아야 해. 편지를 읽고 난 남편은 밑도 끝도 없는 그런 말을 하곤 했다. 그때마다 왜 시퍼런 배추가 생각나는지. 아무리 절이 센 배추도 소금을 뿌려놓으면 숨이 죽는다. 어쩌면 아이도 소금에 배추가 절여지는 그런 과정을 겪는 모양이다. 배추가 맛있는 김치가 되듯이, 아이도 일련의 과정을 거쳐 늠름한 청년으로 성숙하겠지.

바다와 산을 좋아하는 너. 천금을 주고도 살 수 없는 소중한 시간이다. 많이 사색하고 더 많이 아파하며 보내는 시간을 결코 헛되다고 생각 마라.

마루에 있던 컴퓨터를 아이의 방으로 옮기고 생각날 때마다 그 방으로 간다. 컴퓨터가 그곳에 있어 글을 쓴다는 것은 거짓말이다. 아이가 군에 간 뒤로 나는 한 편의 글도 쓰지 못했다. 아이가 보던 책, 사진, 영화포스터가 너덜너덜 붙은 그 방으로 달빛이 때로 파도처럼 밀려든다. 1998년

별 떴다

 첫눈에도 금방 알 수 있었다. 이곳의 군수사령부로 진급하여 왔다는 L 준장. 다부진 체격에 깐깐한 눈매, 꾹 다문 얇은 입술이 예사롭지 않다.
 고향 친구가 어깨에 별을 달고 나타나자 남편은 자기 일처럼 좋아했다. 남편은 지나치다 싶을 만치 그의 노고를 치하했다. 그런 친구를 가졌다는 사실에 흥감해하는 모습이, 진심으로 친구의 성공이 어깨가 으쓱거려지도록 기쁜 모양이다.
 남편은 걸핏하면 별이 떴다며 별 없는 밤에도 밖으로 나가 기분 좋게 취해서 돌아왔다. 그의 별은 존경과 동경의 대상을 넘어 든든한 믿는 구석으로 자리 잡는 듯싶었다. 같은 별이지만 그와 내가 바라보는 별의 대상은 판이하게 달랐다.
 나는 유독 하늘의 별을 좋아한다. 별이 없으면 어떤 생각을 하며 살까 하고 생각했던 적이 있었다. 절벽 같은 깜깜한 어둠만 있다면 무슨 꿈을 꾸고 어떤 희망을 가질까. 어린 시절 별은 친구이며 동경이고 이상이었다. 어른이 된 지금도 달라진 것은 없다. 늘 가슴 안에 별을 품고 살아간다.

초등학교에 처음 들어간 뒤 별표는 학교에 가는 기쁨이었다. 옆에 오기만 하면 꽃향기가 나던 여선생님은 늘 공책에다 별을 그려주었다. 별이 많이 그려진 날은 꿈속에서도 별을 보았다. 별은 기쁨과 안타까움과 성취감으로 아롱진 신기루였다. 그러나 그것이 더없이 허망하고 쓸쓸하기 그지없는 허상임을 인식하기까진 그리 많은 날이 걸리지 않았다. 별은 바라보는 것으로 만족해야지 가질 수 있는 것이 아님을 깨닫기까지는 숱한 바람이 가슴을 쓸고 간 뒤였다.

"난 이곳이 마음에 들지 않아요. 내가 있을 곳은 여기가 아닙니다. 후방은 생리에 맞지 않습니다. 따뜻하고 편안하고 어쩐지 이 시간 이렇게 즐기고 있는 것이 죄를 짓는 것만 같아요. 전방으로 갈 겁니다. 발이 얼고 귀가 떨어져나갈 것 같은 추위에도 굳건하니 나라를 지키는 군인으로 살 겁니다. 친구들의 따뜻한 환대가 얼마나 고마운지 몰라요. 그럴수록 내가 있어야 할 곳은 야전이란 생각이 듭니다."

L 준장은 그런 말을 하며 친구들을 쓱 둘러보았다. 이곳 군수사령부는 별을 달면 잠시 거쳐 가는 곳에 불과하며, 그래서 짐을 다 풀지 않은 채로 지낸다고 했다. 그의 말에 친

구들은 고개를 끄덕였다. 그리고 그런 친구를 존경의 눈빛으로 바라보았다.

"맞아. 자네는 진짜 군인일세. 자네 같은 군인 덕분에 우리가 이렇게 편하게 지내는 게 아닌가. 자넨 우리의 자랑스러운 친굴세. 자 그런 의미에서 우리 찐하게 한잔하자."

그들의 웃음 속에는 보이지 않는 신뢰가 오갔다. 우정이 별 흐르듯 서로의 가슴 속을 흘렀다. 언제 어디에 있더라도 자신의 자리에서 최선을 다하자고 그들은 술잔을 높이 치켜들었다.

가끔 남편의 입에서 군대 얘기가 나왔다 하면 끝이 없다. 끝없이 솟아나는 샘물처럼 바닥이 드러나지 않는다. "어머 그랬어요?" "그래서 어떻게 되었어요?" 장단이라도 맞춰주면 물 만난 고기다. 이야기에 푸른 비늘이 튄다. 듣는 사람이 군대의 사정을 알 길 없는 무지렁이니 그가 허풍을 떨어도 알 수가 없다. 어느 한 분야에 화제가 풍부하다는 것은 얼마나 좋은 일인가. 맞장구치며 들어주는 사람까지 있을 때에야 말해 무엇 하리.

어느 날 밤, 까꼬롱하니 취한 남편이 들어오자마자 마루에 벌렁 누웠다. 익어터진 홍시 냄새가 숨을 내쉴 때마다 물씬 났다.

"떴어. 떴다구."

"뜨긴 뭐가 떠요?"

L 준장이 이곳을 떴다. 명령에 죽고 사는 군인의 본분을

모르는 것은 아니지만 작별의 악수 없이 헤어진 게 남편은 무척 서운한 것 같다. 그는 원하던 대로 야전으로 돌아갔을 것이다. 어디에서 어떤 자리에 있더라도 군인의 본분에 충실하며 살아갈 것이다. 남편은 지척에 장군을 둔 자랑거리 하나를 잃었다. 든든한 줄 하나가 끊어졌다고 생각하는지 부임 기간이 육 개월도 안 되는 전출이 어디 있냐고 주정인 양 중얼거렸다.

'그러게 별이란 세상 밖으로 나오면 안 돼. 별은 멀리 있을 때 아름다운 법. 별은 별들의 세상에서 빛을 밝혀야 해. 저마다의 사명을 띠고 반짝이는 별들을 세상의 인연 속으로 끌어들이지 말아야 해.'

나에게도 분명 반짝이는 별이 있다. 나는 나의 별에게 날마다 최면을 건다. 더 아름답게 빛나기를. 더 많은 사람들의 친구가 되고 정인이 되기를. 그래서 더 사랑 받기를. 별을 사랑하고 가슴 안에 품고 사는 사람은 행복하다.

별은 마음밭에 자라는 꿈이다. 별은 결코 먼 곳에 있는 바라보기가 아니다. 어느 목동의 아름다운 별이었던 아가씨처럼, 내 안에서 빛나는 나의 별들. 조국의 광복을 노래한 윤 동주나, 자신의 문학세계를 다 펴지 못하고 요절한 유정. 젊은 나이에 전쟁의 이슬로 사라진 내 아버지. 자신의 가족을 지키며 살아가는 내 아이들이 다 내겐 아름다운 별이다. 2001년

고양이를 부탁해

　도시의 이웃은 알 수가 없다. 아침 일찍부터 골목 안이 어수선하다. 뒷집 할머니가 집수리 공사를 시작한다고 한다. 1층의 세 가구가 다 떠난 모양이다. 까맣게 모르고 있었다.
　뒷집 1층에 노처녀가 살았다. 가끔 아버지나 남동생이 다녀가는 눈치였지만 거의 혼자 지내는 듯했다. 그녀의 감색 물방개차 뒷좌석에는 늘 피아노 교본이나 개의 사료 같은 것이 실려 있곤 했다. 그녀는 개를 길렀다. 한 마리도 아니고 서너 마리를 키웠는데 회색 털에 꼬리가 뭉텅한, 그리 흔하지 않은 품종이었다.
　뒷집 개들은 그녀가 외출하고 나면 현관에 붙어서서 바깥 동정에만 신경을 쓰는 듯했다. 내가 밖에서 돌아와 이층 계단을 오르면 유리문을 박박 긁으며 합창으로 짖어 댔다.

개는 영특한 동물이라 주인의 발걸음 소리쯤은 구별한다는데 뒷집 개들은 그렇지도 않은 듯했다. 한낮의 고요함을 깨고 택배 기사라도 올라치면 개들은 "여기요, 이 집이요." 하듯 와르르 짖어 댔다. 이웃 사람들의 불평이 수시로 터져 나왔고, 그 화살은 고스란히 주인집 할머니한테로 돌아갔다.

그녀는 피아노 레슨을 한다고 했다. 이웃에 그녀와 이야기를 하고 지내는 사람은 거의 없는 듯했다. 그녀와 나는 가끔 담벼락을 사이에 두고 얘기를 나눴다. 날씨가 좋아 빨래가 잘 마른다든가, 비가 올 것 같다든가, 요즘 어떤 영화가 재미있다든가 하는 아주 일상적인 대화였다. 집 밖에서도 종종 덩치 큰 개를 안고 다니는 그녀와 마주치곤 하였다.

어느 날, 빨래를 걷고 있는데 고양이 소리가 들렸다. 고양이는 아가씨가 살고 있는 현관을 쳐다보며 울었다. 잠시 후 그녀가 먹을 것을 들고 나왔다.

"왔니? 잘 지냈어?"

"냐옹~."

그녀는 접시를 고양이 앞에 놓았다. 고양이는 핼끔거리며 접시에 담긴 것을 다 먹었다. 그들의 행동으로 봐서 어제 오늘 일이 아닌 듯했다. 윤기 흐르는 갈색 털에 다갈색의 구슬 같은 눈. 어쩌다 마주치면 동그란 눈으로 슬쩍 곁눈질하며 경계를 늦추지 않던 놈이 아가씨랑은 친해 보였다. 간혹 뒷집 담장 위에서 무료하니 햇볕을 쬐거나, 화단 귀퉁이에서 선하품을 하며 졸고 있던 게 다 이유가 있었구나 싶었다.

뒷집 공사는 끝날 기미가 보이지 않는데 연이틀 비가 왔다. 밖에 나갔다가 돌아오니 음식물을 담아둔 쓰레기통의 뚜껑이 열려 있고 주변에 찌꺼기가 흩어져 있었다. 고양이의 소행이 분명했다. 이런 밉살맞은 고양이를 봤나. 눈에 띄면 당장 우산대로 한 대 패주고 싶었다. 단단히 뚜껑을 닫았다. 미덥지 못하여 커다란 돌멩이를 그 위에 묵직하니 올려놓았다.

두어 달이 지나서야 공사는 끝이 났다. 새로 바꿔 단 현관문은 새뜻하고, 빨간 번호키는 도드라졌다. 거무튀튀하던 마당도 새로 시멘트를 바르니 훤하다. 내가 묻지도 않았는데 할머니는 공사비가 많이 추가되었다고 말씀하신다. 무엇보다 개 짖는 소리가 나지 않아 살 것 같다고. 사람 내보내는 게 쉽지 않더라는 말도 덧붙인다.

하루는 마트에서 나오는 그녀와 마주쳤다. 커다란 개 사료를 가슴에 안고 있었다. 쿡 하고 웃음이 나왔다. 그녀가 자판기 커피를 사왔다. 그녀의 물방개차 안엔 예의 개들이 밖을 내다보며 차 유리를 박박 긁어 댔다. '여전하군.' 속으로 그런 생각을 하며 그녀를 쳐다봤다.

"고양이가 며칠을 서성거립디다."

커피를 한 모금 마시다 말고 불쑥 그녀에게 고양이의 안부를 전했다. 한참 먼 하늘을 바라보는 그녀의 모습에서 어떤

애잔함 같은 것이 묻어났다. 잠시 동안 침묵이 흐르고, 그녀가 천천히 내게로 얼굴을 돌렸다. 촉촉이 젖은 두 눈. "꿀꺽." 하고 커피가 목 안으로 넘어갔다. 어색한 분위기를 깨고 뜬금없이 내 입에서 튀어나온 말이란,

"내가 가끔 먹이를 주지요."

음식 쓰레기통 뚜껑을 단단히 닫아버린 순간을 잊은 듯 거짓말이 나왔다. 아마 그녀의 '젖은 눈' 때문이었던 것 같다. 그동안 마치 내가 고양이에게 먹이를 줬던 것처럼, 그러면서 이제는 꼼짝 없이 그놈에게 먹이를 줘야 한다는 생각을 하고 있었다.

거짓말을 해놓고 괜히 미안한 마음이 들었다. 그녀에게 미안한 건지 고양이에게 미안한 건지, 어쩌면 거짓말을 하는 내게 미안한 것 같기도 했다. 그녀가 그런 내 마음을 읽기라도 했는지 이사할 때 인사를 못 하고 와서 미안하다고 했다. 나는 그냥 고개를 끄덕였다. 어쩌면 도시의 이웃이 그런저런 예의를 차리고 말고 할 것도 없지 않느냐고 말하려다 그만 두었다.

우린 서로가 조금은 섭섭한 미소를 지으며 헤어졌다. 개들이 짖으며 차 유리를 긁어대니 더 있을 수도 없었고 더 할말도 없었다. 몇 발자국 가다가 그녀가 뒤돌아 봤다. 그녀의 눈이 '고양이를 부탁해요.' 하고 말하는 듯했다.

2013년

숫돌

 칼을 갈듯 어딘가에 나를 쓱쓱 갈고 싶다. 하는 일이 시들해지거나 개운하지 않은 입맛 같은 날들이 계속될 때 불쑥 그런 생각이 든다.
 부엌칼은 주인의 모습이나 성격을 닮는 걸까. 늘 사용하는 칼들이 하나같이 투박하다. 무엇 하나도 제대로 썰 것 같지 않은 뭉툭함은 예리함이란 본분을 깡그리 잊은 듯하다.
 가끔 우리 집 부엌칼을 사용해본 이들은 무딘 칼을 불편 없이 사용하는 날더러 성질머리가 좋은 건지 미련스러운 건지 모르겠단다. 하다못해 장독 아가리에라도 쓱쓱 문질러 사용하면 될 텐데 하는 소릴 듣기도 한다.
 얼마 전 작은 숫돌 하나를 선물 받았다. 신문지에 꽁꽁 싼 것이 궁금하여 부리나케 풀었더니 길쭉한 돌덩어리 하나가 툭 떨어지는 게 아닌가. 장에 갔다 온 어머니의 장바구니에 똘똘 뭉쳐 있던 엿 뭉치 같은 걸 떠올렸던 나는 그만 픽 웃음이 나왔다.

숫돌을 본 남편은 당장 소매부터 걷었다. 대체 얼마 만에 갈아보는 거냐며 있는 대로 칼을 꺼내놓고는 예전의 솜씨 뽑아내느라 팔이 아픈 줄도 모르는 듯했다.

날 선 칼을 사용하니 요리사 솜씨가 따로 없다. 생선의 지느러미를 떼어낼 때마다 몇 번씩 칼질을 해야 했던 성가심이 단칼에 싹둑 잘려나갔다.

숫돌은 그에게만 옛 생각을 불러일으킨 게 아니다. 내 안에 숨어있던 어린 날의 기억들도 오르르 도마 위로 기어 나오게 해 채나물처럼 썰게 한다. 어릴 적 나는 머슴들의 칼 가는 모습을 자실아지게 바라보곤 했다. 덕이 아재는 칼 가는 데는 이골이 난 머슴이었다. 마을에서 제일 나뭇단이 크다는 소릴 들었던 그는 그것을 큰 긍지로 여기던 사람이었다. 그는 매일 두 자루의 칼을 시퍼렇게 갈았다. 그만하면 되겠다 싶은데도 실눈을 뜨고서 칼날을 햇살에 비춰보곤 했다. 칼을 가는 동안은 옆에서 아무리 말을 걸어도 대답을 하지 않았다. 때론 그의 그런 모습에서 어떤 의식을 치르는 자의 경건함 같은 게 느껴지기도 했다. 손끝에 칼날을 대보기를 몇 번, 사그락하는 쇳소리가 들려야만 만족한 듯 자리를 털고 일어섰다.

그의 지게에 단단히 꽂혀가는 시퍼런 낫을 볼 때마다 나는 이상한 충동 속에 빠져들곤 했다. 그 새파란 칼날에 내 몸 어딘가가 스윽 닿는다면 어떨까 하는. 그런 생각은 내 안에 악마라도 있어 나를 시험하는지 살아있는 모든 것들에 낫을 대보는 거였다. 마당을 뛰어다니는 닭이나 누렁이의 펄떡거리는 목덜미, 담을 타고 오르는 수세미 덩굴이나 박 넝쿨의 연한 순 마디, 수액이 뚝뚝 듣는 생나무의 잔가지들을 척척 베어내는 상상을 하다보면 알 수 없는 섬뜩함이 등줄기를 타고 흘러내렸다. 온몸의 실핏줄을 타고 찌르르 번져가던 두렵기조차 했던 그 떨림은 어린 나이의 아이에게 과연 무엇이었을까. 또래의 아이들과 쉽게 어울리지 못하고 담 밑의 해그늘만 따라다니던 작은 가슴 속에 쌓여있던 욕구불만이 그런 생각을 하게 했을까.

숫돌이 생기고부터 스텐 칼을 치우고 조선 칼만 사용하는 버릇이 생겼다. 나무 손잡이의 편안함이 무엇보다도 따뜻한 안정감을 주기 때문이다. 유독 조선 칼만을 고집하는 사람들의 마음도 혹 이런 느낌 때문이지 않을까.

가끔 혼자 있을 때 칼을 갈아본다. 칼이 무디어져 있을 때쯤, 잇몸이 텁텁한 듯싶은 일상과 부딪히곤 한다. 칼을 갈 때마다 덕이 아재의 흉내를 내본다. 정성들여 칼을 간 날은 칼날 어디에서인지 손끝에서인지 사그락하는 쇳소리가 들린다. 그 미세한 떨림은 흐트러져 있던 내 의식의 뜰안에 섬광 같은 빛을 던져 나를 곧추서게 한다.

무쇠 칼은 한 번씩 벼려가며 써야 한다는 말을 들은 것 같다. 시뻘건 불 속에 칼날을 달구어 두드려주어야 더욱 단단해진다는 무쇠. 사람의 마음도 그런 담금질이 필요할 때가 있는 것 같다. 사물을 바라보는 시각이 흐릿해져 간다고 여겨질 때, 무언가 삐걱거리며 잘 돌아가지 않는 이물질 같은 게 내 안에 생겼구나 싶을 때, 무쇠처럼 담금질을 하여 나를 흠씬 두들겨 대고 싶다.

칼을 가는 마음은 나를 벼리는 작업이다. 쓸데없는 곳으로 치닫는 관심의 촉수를 여지없이 쳐내는 일이기도 하다. 쳐낼 것은 쳐내고 자를 것은 자르고 애초에 뽑아버릴 것은 일찌감치 없애야 한다. 그때마다 낫 자국 지나간 논두렁처럼 매초롬한 길이 언뜻언뜻 드러난다.

숫돌은 예사 돌덩어리가 아니다. 숫돌은 말이 없지만 말 이상의 무엇을 내게 말한다. 더러 감정을 추스르기 힘들 때 숫돌을 내게 가져다 준 사람의 마음을 헤아려 본다. 부지런히 자신을 갈아가며 살아가라는 뜻일 거라고, 허투루 시간을 낭비하지 말라는 질책일 거라고 나름대로 추측한다.

노곤한 봄볕에 앉아 누군가 쓱싹 칼을 갈고 있다. 숫돌에 찔끔찔끔 물을 뿌려가며 세상살이 번뇌를 문지르고 있다. 내 안에 무성하니 돋아나는 불순한 욕망들에 칼날을 들이대고 있다.

1995년

세상과 세상 사이

"시간의 흐름에 따라 녹이 생성되어 작품 표면을 덮을 때까지"
 독일 작가 롤프놀던의 〈세상과 세상 사이〉 작품 안내판에 쓰인 글이다. 두꺼운 마름모꼴의 철판을 이어붙인 조각상은 금방이라도 뭔가를 공격할 자세다. 세상은 그렇게 공격하지 않으면 안 될 것처럼 의미심장해 보인다.

사직운동장 안에 있는 아시아드 조각광장이다. 2002년 아시아드 경기 때 부산비엔날레 조각 프로젝트에 출품된 작품들을 모아 두고 화합의 동산이라 부른다. 조각상들 주변에는 당시에 참여했던 각 도시의 상징적인 수목들도 함께 조성되어 있다.

가끔 여기서 시간을 보낼 때가 있다. 자전거를 타고 운동장을 돌기도 하고, 가볍게 산책하다가 나도 모르게 발길이 머무는 곳이다. 많은 조각품 중에 단연 내 관심을 끄는 것은 〈세상과 세상 사이〉이다. 비정형의 마름모꼴 철판 세 개를 이어붙인 구조물의 날카로운 끝은 반도를 가로막은 철조망처럼 서로를 노려보는 것 같기도 하고, 관심 없는 듯 서로 다른 세상을 보는 것도 같다. 그 주변에 소담스런 가지를 뻗고 있는 반송盤松 몇 그루와 늠름한 모습의 곰솔들이 있어 생물과 무생물의 묘한 대조를 이룬다.

반송은 늘 해맑고 생기 넘치는 얼굴이다. 여염집의 조붓한 아낙네처럼 정갈하기까지 하다. 공격적으로 보이는 딱딱한 철 구조물 사이에서 착한 중재자의 모습을 하고 있다. '왜 그래요? 서로 사이좋게 지내요.' 그런 말로 그들을 누그러뜨리는 것 같다. 조금 더 느긋한 모습의 곰솔은 그들보다 조금 더 높은 곳에서 '긴장 풀어. 뭘 그렇게 날을 세우나. 세상 살다보면 별거 아냐.' 오래 살아 세상 이치를 깨달은 노인처럼 여유롭다. 나는 중재자와 무심한 자의 중간에서 어정쩡하니 그들을 구경하는 방관자다. 전혀 간섭하고 싶지가 않다. 그곳에서 서로 상대를 죽이고 찌르는 혈투가 벌어진대도 그냥 멀찍이 바라만 볼 것이다.

'세상사에 깊게 관여하지 않겠다. 옆에서 사람이 죽어도 모르는 척 하겠다.' 얼마 전 사회를 떠들썩하게 한 대리기사 사건 때, 말리다 봉변당한 목격자의 말이다. 그 안에 비친 많은 모습의 인간들 유형이 재미있다. 권력을 내세워 공격하는 자, 억울하게 당하는 자, 말리는 자, 부추기는 자, 변명하는 자, 목격자, 중재자, 방관자…. 다양한 유형들의 인간이 한 사건 속에 다 들어있다. 그들 속에서 내 모습을 찾아본다. 나는 그동안 스스로를 방관자라 생각했다. 자칫 방관자는 비겁자가 될 수도 있다. 그런데 가만히 보니 당하는 자가 내 모습에 더 가까운 것 같다. 늘 당하고 살면서도 당하는 줄도 모르고 사는 약자의 모습이 말이다.

공격은 힘이 세거나 가진 것이 많아야 한다. 그러니 그건 내 모습이 아니다. 그렇다고 마음이 너그럽지도 못하니 중재자도 못된다. 말리는 자도 아니고, 부추기는 자는 더욱 아니다. 한때 큰 실수로 누군가를 힘들게 했다. 그 때문에 비겁한 변명하는 자가 되긴 했다. 지금은 세상을 적당히 어물어물 살아가니 중심 아닌 주변족쯤 되려나.

가을빛이 짙어가는 저녁나절, 어슬렁거리며 운동장 주변을 돌다가 다시 조각공원 앞에 선다. 엄마랑 같이 자전거를 타는 아이, 배드민턴을 치는 아이, 그곳까지 피자를 배달 온 남자의 전화소리. 나는 그들 속의 무심한 자가 되어 〈세상과 세상 사이〉앞에 쪼그리고 앉는다. 탐색자의 눈빛이 되어 작가의 의중대로 조금씩 철판에 녹이 슬어가는 걸 본다. 쇠의 표면에 점차 영역을 넓혀가는 녹錄. 햇볕이 들지 않는 아래쪽 철판 사이의 깊숙한 곳엔, 검고 푸른 녹이 번지고 있다. 세월이 세상과 세상 사이가 아니라, 사람과 사람 사이,

너와 나 사이를 비껴가지 않는 한 우리도 조금씩 녹이 슬어 갈 것이다. 그리고 어느 먼 훗날 마침내 산화되어 한 점의 티끌로 사라지리라.

작품이 말하는 세상과 세상 사이에는 무엇이 있을까. 돌아보니 나와 세상 사이에는 늘 장애물경기처럼 답답한 벽이 차례로 가로막고 있었다. 세상에 태어나자마자 아비는 전쟁의 이슬로 사라졌고, 온실 속의 장미처럼 세상 물정 모르는 전쟁 미망인의 한숨을 먹고 자랐다. 그러니 내 눈에 비친 세상은 장미를 보아도, 달콤한 향기보다는 아픈 가시부터 보였다. 롤프놀던의 날카로운 조각상처럼.

살다보니 때때로 적당한 공격이 최선의 자기 방어 같기도 하다. 당하지 않으려면 먼저 공격하라. 누군가는 지금도 세상에 종주먹을 댄다. 그러나 다 부질없다. 비수 같은 강철도 언젠가는 녹이 슬고 빛이 바랜다. 새삼 빈손 꽉 쥐고 세상을 찌를 듯 공격하는 인간들의 모습에 연민이 인다. 작가의 의도에 부합되건 말건 혼자 멋대로 의미를 부여하고 보니 별스럽지 않던 작품이 예사롭지가 않다.

작가가 시간의 흐름에 녹을 기대하듯, 이순을 넘긴 여자에게 세상은 부정도 원망도 속절없다. 할 수만 있다면 세상과 나 사이를 가로막는 모든 장애물들에 크게 한 방 먹이고 싶다. 동산의 철제 조각품을 바라보는 수목들의 초연함이 그저 부러울 뿐이다.

뿔

 본래 나는 뿔 달린 짐승이었나 보다. 평상시엔 보이지 않던 뿔이 어떤 일에 부딪히면 슬그머니 모습을 드러낸다. 마음먹은 대로 일이 안 될 때나 오해를 살 때 매사에 부정적인 사람과 얘기를 하다 보면 나도 모르게 뿔이 돋는다. 내 뿔은 가끔 상대를 들이받기도 하는데 그럴 때의 나는 영락없이 씩씩거리는 짐승이다.
 TV채널을 돌리다 어떤 여인과 마주했다. 얼굴이 햇볕에 검게 탄 시골 여인이 황소를 끌어안은 채 활짝 웃고 있다. 그녀는 마치 자식에게 하듯 소의 목덜미에 얼굴을 부비고 볼기를 쓰다듬으며 행복한 모습이다. 막 씨름판에서 우승을 하고 나온 그녀의 황소는 위용이 대단하다. 우람한 몸통, 늠름한 골격, 육중한 몸을 떠받치고 있는 튼튼한 다리. 하늘도 뚫을 것 같은 두 뿔은 힘이 넘쳐 보인다. 여인은 소에게 누런 콩과

온갖 약재를 넣어 푹 삶은 여물을 먹이며 신바람이 났다. 연전연승을 거듭하는 황소를 데리고 소싸움이 벌어지는 또 다른 장소로 이동한다는 여인은 황소를 그저 대견한 듯 바라본다. 입김을 푸푸 불어대며 여물을 먹고 있는 승자의 빛나는 뿔. 모래판의 천하장사처럼 당당하다. 그 뒤쪽에는 한쪽 뿔이 부러져 피를 철철 흘리는 패자의 모습도 보인다.

싸움에서 패배한 황소의 처절한 모습은 오래 전, 내가 안타깝게 지켜본 한 남자를 떠올리게 한다. 자신의 청춘과 열정을 사업체 키우는 데 다 바친 남자. 물불 가리지 않고 열심히 뛰어다닌 덕에 사업은 잘되었고 주위의 인정과 신뢰를 받았다. 그가 물건을 납품한 회사에서 큰 불이 났다. 회사는 부도가 났다. 그가 대금으로 받은 어음들은 휴지가 되었다. 충격을 이기지 못한 그는 쓰러졌고 조금 전 싸움에서 진 황소 같았다.

집에서 기르는 짐승들의 뿔은 공격용이기보다 탐색용일 때가 더 많다. 그것들은 애정행각을 벌일 때 뿔을 대 보기도 하고 부비기도 하며 상대의 마음을 떠 본다. 그러다 이때가 기회다 싶으면 뿔을 불끈 세우고 사랑을 한다. 소들이 싸움을 할 때면 서로 다가가 뿔로써 상대를 제압하려 든다. 서로 뿔을 맞댄 채 밀어보고 물러나기를 반복한다. 그러다가 약간의 틈이 보이면 빠르게 공격한다. 피차 깔끔하게 승복하고 인정하는 모습은 음흉하게 복수를 노리는 사람들보다 깨끗하다. 주위상책走爲上策이라고 상대가 버겁다 싶으면 도망가 버림으로써 쓸데없는 힘을 낭비하지 않는다. 그러나 겨루어 볼 만한 적수다 싶으면 뿔이 빠질 때까지 싸우는 우직함이 밉지 않다.

그가 사업을 접고 두문불출하고 있을 때였다. "중뿔도 없으면서 체면은 무슨. 가만히 있으면 어디서 돈이 나오나 무슨 일이든 해야지." 그런 소리가 주위에서 들려왔다. "뭐가 있어야 하지, 쥐뿔도 없는데 뭘 어떻게 해." 하고 그는 볼멘소릴 했다. 그런 남자를 바라보는 내 마음은 착잡했다. 그가 처한 상황은 백번 이해가 되지만 다시 일어서려는 의지를 보이지 않는 것이 불안했다. 매사에 적극적이고 패기만만했던 모습은 어디로 갔는가. 넘치던 박력은 허풍이었단 말인가. 나는 그에게서 역경을 딛고 일어서는 용기, 가족을 위해서라면 그 어떤 일도 할 수 있는 가장의 모습을 원했다. 그리고 그가 스스로 재기할 때까지 기다리고 있을 수만 없는 현실이 속상했다. 생활은 이상이 아닌 냉혹한 싸움인 것을 그때 알았다.
'그래, 중뿔도 쥐뿔도 없는 내가 해보자.'
무얼 어떻게 할 것이라는 계획도 없이 나는 그에게 보란 듯 집 밖으로 나왔다. 이 없으면 잇몸으로라도 살아야지, 하는 오기로. 아침이면 뿔을 치켜들고 나갔다가 저녁이면 내 뿔은 형편없이 망가져서 돌아오기 일쑤였다. 나는 밤마다 아린 상처를 안고 잠들었다. 맘 놓고 끙끙 앓지도 못하면서 그래도 참을 만했다. 내 아이들을 보듬을 수 있고 가정을 지켜낼 수 있다면 좀 아프고 다친들 어떠리. 그런 심정으로 단련된 내 뿔은 겁도 없이 세상의 벽을 떠받으며 돌진했으니 뿔이 남아났겠는가. 그래도 그렇게 치고받고 하는 동안 생긴 성취감은 나를 강하게 만들었고 살아가는 데 용기를 주었다.

세상의 어머니들은 모두가 가슴 안에 무수한 뿔을 숨기고 있을 게다. 그것은 험한 세상으로부터 자식을 보호하고 남편에게 용기를 주고 가정을 지켜내는 모성의 뿔이다. 때로는 그 뿔이 세상과 부딪치며 망가지고 상처 받지만 어머니라는 이름만으로 참을 수 있다. 모르긴 해도 어머니의 뿔을 구성하고 있는 성분들을 분석해보면 무한한 사랑과 끝없는 배려와 등뼈가 휘는 인내와, 관용, 용서 그런 것들로 가득 차 있지 않을까.

아이들이 앞가림을 할 만큼 자란 탓일까. 그동안 날을 세워 덤볐던 내 뿔도 이젠 골다공증에 걸린 것 같다. 예전에는 "엄마 뿔났어?" 하며 눈치를 살피던 아이들이 요즘엔 뿔을 들이대도 반응이 없다. 그냥 알고도 모르는 척하는 것인지 아니면 정말 내 뿔이 쇠잔하여 위력을 잃은 것인지 모르겠다. 나는 이제 예전처럼 힘센 뿔, 강한 뿔로 누군가를 불편하게 하고 싶지 않다. 그러나 아무리 세월이 흘러 나이를 먹는다 해도 엄마의 뿔이 어디로 가겠는가. 있는 듯 없는 듯 드러내지 않을 뿐, 목숨이 다하는 날까지 모성의 뿔은 홀로 빛나리라. 2008년

따뜻한 그늘

 시월이면 요산 김정한 선생님을 기리는 문학제가 열린다. 아는 사람만 알고 찾아오는 문학관은 남산동의 한적한 골목 안에 있다. 처음 찾아가는 사람은 두어 번 물어야 한다. '이리 오너라.' 하고 부르면 누군가 부리나케 뛰어나올 듯한 사랑채를 지나서 안쪽에 조촐하고 아담한 문학관이 모습을 드러낸다.
 어쩌다 인연이 되어 요산문학제의 백일장 심사를 보게 되었다. 이번에는 참석자들의 형편을 고려하여 일요일에 백일장이 열렸다. 제목은 〈골목길〉과 〈그늘〉이다. 시인, 소설가, 수필가의 꿈을 안고 모여든 예비 문사들을 선생님은 어디선가 흐뭇하게 지켜보고 계실 것 같다. 나도 슬며시 그들 속에 끼여 앉는다.

 그늘을 좋아하는 생명들이 있다. 곤충이나 동물이 그늘을 좋아하는 것은 생태적으로 그늘이 품고 있는 습기 같은 촉촉함일 것이다. 나도 그늘을 좋아한다.

가끔 세상으로부터 숨고 싶을 때가 있다. 헛바퀴가 도는 일상에서 벗어나고 싶을 때나, 두근거리는 가슴을 주저앉히고 싶을 때가 그럴 때다. 그늘은 숨을 돌리거나 위로받고 싶거나 감추고 싶은 무언가를 들키지 않기 위해 찾는 곳이다.

그늘은 단추를 하나쯤 풀어도 될 것 같은 편안함이 있다. 세월이 가져다주는 삶의 주름, 슬픔, 까닭을 알 수 없는 허무, 남루한 일상의 구김까지 가려주고 숨겨주고 품어준다. 사는 게 자신 없을 때, 마음도 몸도 먼 곳을 더듬으며 눈물이 글썽거려질 때 위안의 장소가 되는 곳이 그늘만 한 게 있을까.

사람의 얼굴에서 그늘을 볼 때가 있다. 그럴 때는 연민을 느낀다. 나눠 가질 수 없는 아픔이나 상실에서 오는 쓸쓸함을 위로하기란 쉽지 않다. 도리어 빈 말이 주는 공허감으로 가슴을 허허롭게 하지 않을까 염려된다. 차라리 그럴 땐 더 넓고 짙은 그늘로 숨으라는 편이 낫다.

가족을 잃은 이는 더 넓은 가족의 그늘이 필요하다. 그늘에 숨어있다 보면 슬픔은 사라지고 밖이 궁금하여 나오게 되는 것이 인간의 속성이다. 부모의 그늘을 잃은 이는 남편의 그늘에, 남편 그늘이 그리운 이는 자식의 그늘에서 위로 받고 싶은 게 사람 마음이다.

그늘에도 힘이 있다. 그럴 때는 든든한 배경으로 작용한다. 한때 친정을 그늘로 생각했다. 뒷배가 든든한 친정을 가진 사람은 그렇지 못한 사람보다 속상할 일이 적을 것 같아 은근히 부럽기도 했다. 살다보면 외롭고 힘들어 울고 싶을 때가 있다. 아무에게도 속말을 못하고 야위어갈 때 생각나는 것이 친정이다. 물질적으로 힘들 때 친정은 든든한 뒷배가 되고, 소위 부부싸움이라도 크게 한 날은 내 역성을 들어줄 내 편이 필요해서 친정을 떠올린다.

  어린 시절, 언니나 오빠들이 있는 아이가 부러웠다. 형제의 그늘은 또래들이 노는 골목길에 언제나 떡 버티고 선 나무 같았다. 내겐 그런 나무가 없었다. 나무가 없으니 그늘인들 있었겠는가. 그때의 외로움과 소외감은 어른이 되어도 달라지지 않고 어쩌면 살아갈수록 더 절실해지는 것 같다.

  그늘은 어둠과는 다르다. 어둠은 빛이 없기에 생기는 것이고 그늘은 빛이 있기에 생긴다. 빛이 그늘이 되고 그늘이 다시 빛이 된다. 빛이 강하면 그늘도 짙다는 말은 힘이 강하면 미치는 영향도 그만큼 크다는 의미가 아니겠는가.

  한 사람의 강한 빛, 그것이 인격이거나 업적이거나 덕망이거나 그 그늘이 넓게 미치는 건 시간이 많이 흘러 역사가 되어도 흔들림이 없다. 그리고 보니 빛과 그늘, 양지와 음지, 이것 아니면 저것이라는 잣대로 볼 때, 그늘은 참으로 많은 의미를 갖는 것 같다.

  한 남자의 그늘에 몸을 숨기고 나이를 먹었다. 나이를 먹어간다는 것은 자신의 그늘을 넓혀간다는 뜻이기도 하다. 내가 만든 그늘은 가족들이 가쁜 숨을 돌리는 숨 고르기의 휴게소 같았으면 한다. 잠시 쉬어가는 그늘이 위안을 주고 편안함을 주고 용기를 준다면 더 무엇이 필요하랴.

그러나 그들이 외롭거나 힘들었을 때 한 번이라도 찾고 싶은 그늘이었는지 스스로에게 물어본다. 어쩌면 내 그늘 안으로 들어오는 그들을 무심하니 버려두거나 모르는 척하지는 않았는지. 손을 저으며 쫓아 내지는 않았는지. 그들을 위해 최선을 다했다고 생각했던 건 착각이었는지 모른다. 그늘은 품어 안는 것이다. 그 어떤 것도 덮어주고 따뜻하게 껴안는 것이다.

2012년

화신가락 和信家樂

　우리 집엔 없는 것이 많다. 그 흔한 가훈조차 없다. 선대부터 내려오는 가훈을 이어가는 명문가의 후손은 못 되지만, 가훈이란 있는 게 없는 것보다는 낫지 않을까 하는 생각을 오래전부터 하였다. 아이들이 학교를 다니던 때 가끔 우리 집 가훈에 대하여 물어왔다. 그때마다 우리 부부는 눈만 서로 마주보며 껌벅거릴 뿐 '이것'이라고 말하지 못했다.
　드디어 가훈이 생겼다. 남편이 태어난 지 일흔 해요, 가정을 이룬 지 마흔 해 만이다. 서예가 전병문 선생이 쓰신 화신가락和信家樂. 가정이 화목하면 항상 즐겁다. 그동안 우리 부부는 많이 싸웠다. 그런데 이제 가훈 때문에 단단히 코가 꿰이게 생겼다. 앞으로 혹여 불협화음이 생기면 서로 '화신가락' 네 글자를 코 밑에 들이밀 게 아닌가.

이틀 동안 삼남매 가족이랑 시간을 보냈다. 남편의 고희古稀를 맞아 자식들이 마련한 자리였다. 장소는 서울과 부산의 중간 지점인 충청도. 아들이 여기저기 수소문 끝에 청평호 부근의 일반인 출입금지 팻말이 붙은 풍경 좋은 곳이었다. 올해 초등학교에 입학한 큰손자부터 막 기어다니기 시작한 막내 손녀까지, 열네 명이 함께 밥을 먹는 건 전쟁이요, 장소 이동은 지고, 안고, 끌고 가히 피난행렬 수준이다. 그 안에서 벌어지는 매 순간이 리얼 '다큐멘타리'였다.

이제 막 꽃망울이 부풀기 시작하는 벚나무 아래 세상에서 가장 작은 현수막이 걸렸다. "사랑합니다. 고맙습니다. 아버지 칠순을 축하합니다." 그것은 한 남자의 삶을 향해 흔드는 응원의 깃발이었다. 세상 그 어떤 것과도 바꿀 수 없는 유일한 '아버지'란 이름으로 받는 헌정이었다. 그가 아니면 세상에 태어날 수 없었던 존재들이 내지르는 작은 함성이 벚나무 가지를 흔들었다.

이벤트의 절정은 감사패 수여! "가정에 큰 뿌리를 내린 당신은 쉬이 흔들리지 않았고 삼남매 방황 않도록 든든한 울타리를 쳐줬으며…." 낭독하는 아들의 목소리에 한 순간의 울컥거림과 모두의 웃음을 유발하는 위트가 깔린 자리. 상패를 받는 그의 손이 떨린다고 느낀 건 나뿐이었을까. 그는 잠깐 먼데 산을 바라봤다. 정말 가족들로부터 사랑받는 존재인지 진정 감사함을 받을 수 있는 가장이었는지를 아마 그 순간 생각해보는 듯, 어쩌면 회한과 후회의 속눈물을 삼키고 있었는지 모르겠다.

청평호가 보이는 놀이공원에서 그는 정말 좋은 할아버지가 되었다. 그는 연날리기의 고수였다. 오랜 세월을 거슬러 그도 연을 날리는 아이가 된 듯했다. 할아버지와 손자들이 그 시간만은 모든 걸 초월해서 친구가 되었다. 얼레에 감긴 실을 풀어주고 감고를 반복하는 모습을 보면서 그의 얼레에 그동안 수없이 감기고 풀렸을 일들을 짐작해봤다.

어쩌면 사람의 일생이 연날리기와 뭐가 다를까 싶었다. 바람을 잘 타고 날 때는 하늘 높은 줄 모르며 우쭐대는 연鳶. 세상을 다 내려다보며 기고만장하여 거칠 것이 없다. 그에게도 그런 한때가 없지 않았다. 그러나 연은 잠깐이라도 바람의 길을 거슬리면 속절없이 떨어지고 만다. 그의 사업도 그랬다. 장애물은 어디에나 복병처럼 숨어있는 법. 그의 사업은 순조롭지 못했다. 한동안 그는 나뭇가지에 걸린 연처럼 옴짝달싹못하고 허공에서 살이 찢긴 채 펄럭대기도 했다.

손녀의 작은 등을 보듬어 안고 연을 날리는 회색 바바리의 남자. 그의 모습이 고희를 맞은 사람 같지 않게 젊어 보인다. 이래서 부부란 서로 좋은 점, 잘난 점만 보면서 해로하며 사는지 모르겠다. 이제는 뭐든지 다 이해가 되는 사십 년 지기. 세월이 그냥 흐르는 건 아닌 모양이다.

2부

그립다, 탄력
아내가 변했다
벌컥男과 꼴깍女
마른풀
孤馬大江何以笑
사랑을 잃다
한 상床 받다
그날 밤 무슨 일이
점옥이
해바라기

그립다, 탄력

화장품 광고는 탄력이란 말을 좋아한다. 노화된 피부도 탄력이 살아난다니 귀가 솔깃하다. 물건도 오래 사용하면 고물이 되는데 사람의 피부라고 뭐가 다르랴. 노화는 인력으론 어쩔 수 없는 것. 물리적 힘이라도 빌려서 어떻게든 젊어지고 싶은 것이 여자의 마음이다.

지금의 내 얼굴은 풀기 빠진 광목처럼 후줄근하다. 팔자주름은 골을 더 깊이 새기는 중이다. 속일 수 없는 건 사랑과 가난이라더니 나이도 그렇다.

"마음은 청춘인데…." 그 말이 유치하게 들리던 때가 있었다. 물론 내가 젊을 때였다. 그건 결국 늙는 게 억울하다는 말일 것이다. 마음이 청춘이면 뭐하냐고, 다 지나가 버린 걸. 그렇게 속으로 생각하곤 했다. 그런데 지금 내 마음이 그보다 더 적절한 비유를 찾을 수 없어 씁쓸하다.

무엇이나 새것은 탱탱하고 팽팽하다. 사람들이 새것을 좋아하는 이유는 그 때문이다. 고무줄도 새것은 당겼다 놓으면 원래의 상태로 쌩하니 돌아간다. 그러나 낡은 고무줄은 당겼다 놓아도 별로 달라지지 않는다. 지금의 내 시간이 낡은 고무줄보다 나을 게 없다.

늘어진 고무줄 같은 시간에 탄력이 살아난다는 화장품을 뿌려주면 어떨까. 볼살이 탱탱해지듯이 시간도 윤기를 머금어 촉촉해지려나. 사람이 늙는 것과 물체가 낡아간다는 것은 비슷한 의미다. 고무줄, 신발, 축구공, 바지, 그것들에게 '낡은' 이라는 말을 붙이는 순간 하나같이 후줄근하니 탱탱함과는 거리가 멀다.

탄력은 버티는 힘이다. 원래의 상태로 돌아가는 탄력성이 피부에만 필요할까. 사람이나 기계나 움직이는 물체는 탄력을 받아야 한다. 가장 탄력적일 때가 가장 빛나는 때이다. 축구선수의 발끝에서 탄력 받은 공은 그물을 출렁거리게 하고, 야구 선수의 방망이는 하늘을 가른다. 공부에 탄력 붙은 수험생은 눈이 충혈되어도 힘든 줄을 모르고, 문장에 탄력 붙은 작가는 긴 밤이 짧기만 하다.

내가 가장 탄력적이었을 때는 언제였을까. 탄력이 버티는 힘이라면 지나간 어느 한때 내 삶은 '언제까지 오래 버티나' 의 줄다리기 같았다. 잡고 있는 끈을 놓는 순간, 그동안 가꾸고 꿈꾸고 거머쥐고 있던 것들과의 결별이란 생각은 벼랑 끝의 나무처럼 결연한 무장을 하게 했다.

아들이 대학에 들어가 두 해도 지나지 않아 큰딸도 대학을 들어갔다. 아들은 휴학을 하고 군대에 갔다. 제대도 하기 전에 작은딸이 치고 올라왔다. 그때 내 눈엔 보이는 게 없었다. 어영부영하다간 아이들 공부도 못 시키겠다는 생각은 피를 말렸다. 할 수 있는 게 아무것도 없었다. 순전히 책을 좋아한다는 이유로 책을 파는 회사에 겁도 없이 들어갔다.

한창 '다중지능이론'이 아동기 부모들을 자극하였다. 동화책이라면 고작 그림동화나 전래동화밖에 몰랐던 내가, 자연동화, 과학동화 수학동화, 거기에 탐구영역이니 사회영역이니 하며 책장사를 하고 다녔다. 나중에는 엄마들을 불러놓고 단계별 책읽기와 원고지 쓰는 법, 일기와 독후감 쓰기 같은 걸 지도했으니, 지금 생각하면 가당찮고 우습다. 그래도 그때는 그 일이 재미있고 뿌듯하고 스스로 대견하기까지 했다.

지금까지 살면서 가장 탄력 받았던 때를 기억하라면 단연 그때이다. 내 스스로 노력하고 열심히 일해서 아이들을 공부시키고, 가장이 일어설 때까지 어떻게든 버티고자 했던 그 즈음이 내 삶의 절정이었다. 하루하루 탄력 받은 바퀴가 되어 어지간한 오르막은 거뜬히 올라가고 내려갔던 그 시절, 시간을 쪼개어 쓴다는 의미도, 막다른 골목에서 믿을 건 자신밖에 없다는 걸 터득한 것도 그 때의 선물이다.

탄력이 떨어짐을 느낄 때가 늙는 때이다. 늙는 것은 물리적 나이가 아니다. 구상할 것도, 매달릴 것도, 즐길 만한 어떤 대상도 없을 때다. 성취감을 주는 일에 도전하는 것만이 늙지 않는 방법이다. 다시 시작하는 공부, 스스로를 돌아보는 신앙, 가족들 간의 이해, 그 모든 중심에는 늘 탄력적인 마음이 존재할 때다.

늘어진 시간 속으로 침몰하지 않으려면 몰두할 수 있는 일을 찾아야 한다. 이런 저런 이유로 순위에서 벗어났던 걸 떠올려본다. 아이들 공부 끝내고 나면 해 봐야지. 다 결혼시키고 홀가분해지면 그 때 해도 늦지 않다고 생각했던 것들. 지금이 바로 그때인데 난 왜 이렇게 무기력할까. 내 가슴은 왜 떨어진 단추처럼 초라하고 시들어가는 꽃잎처럼 쓸쓸하냐고.

마음을 추스르기가 쉽지 않다. 심드렁한 일상에 애정을 가지라고, 모든 것은 다 마음먹기라고 최면을 건다. 그러나 주문은 먹혀들질 않고 마음이 도리어 반기를 든다. 대학생이 된 아이에게 다시 머리 싸매고 수험생처럼 공부하라면 못하겠다고 버티는 것과 비슷한. 지금의 편안함이 다시는 예전의 그 절박하고 치열했던 삶을 거부하는 마음이랄까.

탄력은 여인의 피부에만 필요한 게 아니다. 두려워하면서도 겁 없이 달려온 생의 어느 한 시기를 지나, 이제는 여유를 부려가며 한갓지게 걸어가는 삶에도 그 나름의 탄력은 필요한 것이다. 그리운 게 어디 떠나간 사랑뿐일까. 오늘은 천지분간도 못하고 앞으로 달리기만 했던 먼 시간 저 너머의 내 모습이 그립기만 하다.

2013년

아내가 변했다

 올해 운수가 길하다고 하였다. 좋은 말은 믿고 싶고 믿는 자에게 복이 있다고 했다. 아내의 말인즉 세상만사는 늘 좋은 쪽으로 생각하는 게 신상에 이롭단다.
 길한 기운이 따뜻한 봄날 핸드폰 속으로 들어왔다. 지난해 봄, 반 칠십이나 되어 장가든 아들이 금방 태어나 물기도 채 닦지 않은 손자의 사진을 전송했다. 아내는 출산과정이 고스란히 담긴 동영상을 들여다보며 좋아서 코가 벌름거린다.
 "세상에 어쩜! 이런 걸 다 찍냐~!"
 혼잣소리를 해 가며 킬킬거린다. 할머니가 된 것이 저리 좋을까. 솔직히 말해서 나도 체증이 쑥 내려가는 기분이다.
 육남매의 막내인 나는 위로 형님이 두 분 계신다. 장손인

큰조카는 딸만 둘 있고, 둘째 형님 댁의 두 아들은 늦게 결혼을 해서 아직 아이가 없다. 결국 막내인 내게서 난 자식이 대를 이었으니 돌아간 부모님께는 첫증손자가 태어난 셈이다.

요즘 세상에 손(孫)을 잇는다는 게 무어 그리 큰 의미가 있겠냐고 한다면 할말은 없다. 그럼에도 손자가 태어났다는 소식에 가장 먼저 부모님 얼굴이 떠오른 건 사실이다.

좋은 일은 곰비임비 찾아온다. 막내딸이 그동안 교제하던 청년을 집으로 데려왔다. 정식으로 인사는 없었지만 얘기는 들었던 터다. 둘 다 직장이 서울에 있다 보니 내려온 김에 부모님끼리도 상견례를 하면 어떻겠느냐고 한다.

요즘 자식들의 혼사로 속을 끓이는 친구들이 더러 있다. 늦은 혼사야 사회적인 추세라 해도, 결혼에 관심조차 갖지 않으니 속에서 천불이 난다고 한다. 그러고 보면 우리 삼남매는 부모 속을 썩이지 않고 짝을 구해온 셈이다. 아내는 자식들 혼사에는 욕심을 부리지 말자고 한다. 모아놓은 재산도 없는데 '감 놔라, 대추 놔라.' 할 필요가 없다는 것이다. 그리고 나더러 들으라는 듯 '사위 될 사람이 장인만 닮지 않으면 된다.' 라니 참 기가 막힐 노릇이다.

사위가 내 속으로 낳은 자식도 아닌데 닮을 턱이 없지 않은가. 말이야 바른 말이지 내가 뭐 어떤가. 술을 좀 즐긴다는 것뿐이지 하나도 구릴 게 없는 사람을 아내는 은근히 갈군다. 아내는 요즘 변한 것 같다. 전에는 눈만 크게 떠도 꼬리를 내렸는데 지금은 곧잘 기어오른다. 조금만 싫은 소릴 해도 입을 꾹 다물고 묻는 말에 대꾸도 않는다. 아내가 나이 들면 무섭다더니 정말 그런 것 같다.

상견례만큼 어색한 자리가 또 있으랴. 바깥사돈끼리 술이라도 한 잔 주거니받거니 해야 덜 쑥스러울 텐데 부자父子가 다 술을 못하니 어색하기 짝이 없다. 그렇다고 '술도 못 마시는 사람하곤 사돈 맺기 싫소.' 하고 자리를 박차고 나올 수도 없는 노릇이다. 아내는 분위기를 맞추려는 듯 와인을 홀짝거리며 눈웃음을 짓고 앉아 있다.

시월 초에 아내는 사흘 말미하고 서울에 다녀오겠다고 한다. 손자가 얼마나 컸는지도 보고, 큰딸 집에도 가보고, 무엇보다도 막내가 신혼살림을 할 아파트도 둘러보고 온다는 것이다. 처음부터 아내는 혼자 가기로 작정해놓곤 건성으로 내게 같이 가겠느냐고 묻는다. 나는 토요일로 예약된 대장내시경을 핑계로 집에 있겠다고 한다. 아내 없는 황금연휴를 느긋이 즐겨볼 참이다. 나이 든 남자도 가끔은 혼자 있고 싶을 때가 있다는 걸 아내는 모르는 것 같다.

잠에서 깨어나니 대장에서 용종을 세 개나 떼어냈다고 한다. 그중에 하나는 상당히 큰 놈이었고, 떼어낸 자리에서 피가 나기 때문에 입원을 해야 한단다. 검사만 받으면 될 줄 알았는데 환자복을 입는 신세가 되었다. 아내에게 전화를 했다. 저녁을 먹는 중이라고 한다. 남편은 끼니도 굶고 입원해 있는데, 밥 먹었냐는 말도 없이 자식들이랑 즐겁게 식사 중인지 주변이 소란하다.

갑자기 허기가 진다. 아내에게 용종 말을 꺼내야 할지 망설이다가 어정쩡하니 전화를 끊는다. 갑자기 외로움이 밀려온다. 그동안 병원은 나와 거리가 멀다고 생각했다. 문득 아내가 했던 잔소리가 생각난다. '당신은 담배도 술도 너무 과하다. 육식도 너무 좋아한다. 그러다가 병들면 절대로 간호 같은 거 기대하지 마라. 그동안 애먹인 게 얼만데 늙어 병수발까지 할 줄 아느냐.'

아내에게 용종 얘기를 했더니 별거 아니라는 반응이다. 깜짝 놀랄 줄 알았더니 덤덤하다. 오히려 말을 꺼낸 내가 머쓱하다. 아내가 책꽂이에서 보험 증권을 꺼내온다. 혼잣말처럼 "용종제거를 했으니 수술비가 얼마나 나오려나." 한다. 갑자기 아내가 낯설게 느껴진다. 무섭다. 내가 죽으면 '이제 사망보험금이나 찾으러 가야겠다.'고 하지 않겠는가.

일주일쯤 지난 날 담당의사에게서 전화가 왔다. 보호자랑 함께 내원하라는 것이다.

"… 조직검사에서 암세포가 발견되었습니다."

"예? 암이란 말입니까?"

병원 문을 나서는데 다리가 후들거렸다. 아내가 내 팔을 꽉 잡았다. 어떻게 집에 왔는지 방에 들어오자 쓰러지듯 고꾸라졌다.

한참 내 얼굴을 바라보던 아내가 입을 열었다. 암은 발견 시점이 중요하다. 대장점막내암은 아주 초기 암이다. 당신은 암환자라는 생각을 아예 하지 마라. 나도 그렇게 생각할 것이다. 막내 결혼식 끝나고 수술을 받되, 아이들은 물론 누구에게도 발설하지 마라.

나는 뒤통수를 한 대 맞은 기분이었다. 내 얘길 듣고 징징거리며 울고불고, 자식들한테 전화부터 할 거라고 생각한 건 순전히 오산이었다. 아내가 저렇게 무서운 여자였나. 속도 없는 무지렁인 줄 알았더니 그게 아니지 않은가. 어이가 없어 도리어 내가 피식 웃어버렸다. 솔직히 말해서 그런 아내가 든든한 생각까지 들었다. 그런데 아내의 입에서 도저히 믿을 수 없는 말이 튀어 나왔다.

"당신은 왜 이렇게 운이 좋은 거야!"

2011년

벌컥男과 꼴깍女

사람의 모습은 겉만 봐서는 모른다. 그러나 우리가 보는 것은 사람의 겉모습일 때가 많다. 속 모습은 겪어봐야 아는 것이고 겉모습을 보며 사람됨을 점치기도 한다. 점잖고 교양 있고 직장도 반듯한 어떤 남편이 있었다. 유머도 있고 부인과 외출할 땐 꼭 손을 잡고 다녔다. 이웃 사람들이 그 부인을 보고 말했다. "저런 남편과 사는 당신은 참 복이 많은 사람이다." 라고. 그랬더니 그 부인 하는 말이 "한번 살아봐라. 그런 말이 나오는지. 내 속은 아무도 모른다."고 했다 한다.

한 남자랑 삼십 년 하고도 사 년째 함께 살고 있다. 집에 들어오는 남편의 눈썹만 봐도 어떤 기분인지 짐작할 수가 있다. 눈썹이 부드럽게 갈매기를 하고 있으면 양호한 상태. 거기에 입매까지 부드러우면 최상이다. 눈썹이 꼿꼿하면 기분 별로. 입까지 꾹 다물고 화장실로 들어가면 성질이 난 것. 이제는 나도 그 속에 들어갔다 나온 듯 상태를 봐가며 응대한다. 기분이 좋아 보이면 말을 붙이고 그렇지 않으면 그냥 부엌으로 들어가서 하던 일을 한다.

그가 술을 마시고 왔을 때 벗어놓은 구두를 보면 대충 그 상태를 알 수 있다. 구두 뒤축이 꺾여 있으면 많이 마신 것, 그럴 땐 누구랑 어디서 마셨는지 같은 말은 하지 않는 게 좋다. 돌아오는 말이 까꼬롱하다. 그저 예 예, 하며 비위를 맞춘다. 인내심을 가지고 달래가며 잠을 자게 하는 게 상책이다. 많이 취하지 않았을 땐 밥상을 꼭 대령해야 한다. 아이나 어른이나 먹고 배부르면 잔다. 배가 고프면 잠은 안 자고 말이 많아진다.

남녀가 같이 사는 데는 기술이 필요하다. 뜨거운 사랑만으로 결혼이란 긴 터널을 통과하긴 쉽지 않다. 사랑과 애정의 세월로, 자식을 낳은 정으로, 책임과 의무로, 나중엔 더러운 정 때문이란 핑계로 긴 인생 여정의 고비 굽이를 넘어간다.

남편은 벌컥거리길 잘한다. 처음엔 멋모르고 나도 벌컥하고 맞불 작전으로 나갔다. 그런데 칠전팔패 백전백패였다. 둘 다 벌컥하니 집안이 시끄럽고 이웃이 시끄러웠다. 지금은 남편이 벌컥하면 나는 꼴깍한다. 꼴깍하고 침을 삼키며 참는 것이 이기는 것이란 걸 터득하는 데 시간을 꽤나 낭비했다. 뭐든지 진즉에 눈치 채고 알았더라면 사는 것도 훨씬 수월하고 매끄러웠을 텐데, 수많은 착오 끝에 얻게 된 것을 나는 생활의 지혜라고 생각한다.

이번 여름에 아이들이 휴가를 받아서 집으로 왔다. 아들이 해운대에 콘도를 빌렸다고 했다. 결혼한 딸까지 합세하니 대가족이다. 이럴 때는 그냥 조용히 움직이면 얼마나 좋을까. 느긋하니 구경하고 밥은 사서 먹고 파도 소리나 들으면서 쉬고 오면 되지 않는가. 그런데 우리 집 가장은 그렇지 않다. 몸이 움직이면 뒤를 따라 움직이는 것들이 많다. 마음먹고 시장에 가더니 닭고기·쇠고기·맥주에 소주에 과일까지 잔뜩 사가지고 왔다. 그 바람에 삶고 굽고 하느라 좁은 콘도 안에 냄새가 진동하고 더운 공기 때문에 아이들 난리가 났다. 그 와중에 이제 십육 개월 된 손자 놈은 천지도 모르고 나부대니 혼이 빠지고도 남을 일이다.

아이들은 그냥 사먹으면 될 걸 하는 눈치다. 돈 쓰고 애먹고 인사 못 듣고 이번엔 내가 아이들을 향해 벌컥 했다. 누구는 사먹을 줄 몰라서 이러는 거니. 아버지는 너희들 실컷 먹이고 싶고 간만에 이런 데 와서 이러는 게 좋아서 그런 건데 그 기분을 못 맞춰. 너희도 부모 돼 봐라. 너들 생각하고 똑같은가. 아버지는 더운데 땀 흘리며 고생하고 너들은 먹어 주는 것도 유세냐.

휴가 끝나고 아이들도 모두 제자리로 돌아가고 없는 적막한 저녁. 삼겹살에 막걸리로 상을 차렸다. 그는 큰 사발에 벌컥벌컥 막걸리를 마시고 나는 꼴깍거리며 술을 따랐다. 밖에는 낮부터 내린 비가 그치지를 않는다. 한 달 내내 비만 오는 것 같다. 남편은 휴가 이후 내내 저기압이다. 나이 들어가며 남자들은 더 속이 좁아지고 잘 삐치고 꽁하는 게 오래가는 것 같다.

그의 옆에서 나는 억지 수다를 떨어대고 그는 시큰둥하다. 아이들 하자는 대로 해요. 요즘 아이들 뭐 들고 다니는 거 좋아하지 않잖아요. 무거운 지갑이나 가볍게 들고 가지 뭐하려고 이것저것 싸서 들고 가요. 그래봐야 당신 마누라만 힘들구만.

차라리 벌컥할 때가 낫지. 아이들 생각이 우리하고 다르다고 해서 그걸 고깝게 생각할 건 없다고 말하려다 그만 둔다. 세대차이가 별건가. 사는 방법이 다르고 생각이 다르면 그게 세대차이지. 자식에게 밀리는 기분일 때가 늙었다는 걸 실감할 때라고 누군가 그러더니 그 말에 공감이 간다.

이제는 슬그머니 뒷전으로 나앉는 게 편하다. 아이들이 부모를 대신해서 하겠다는데 굳이 그게 미덥지 못해서 칼자루를 넘겨주지 않는 건 부모생각일 뿐이다. 요즘 캥거루족들이 부모 간을 다 빼먹는다는데 그렇지 않은 것만도 어딘가. 그의 벌컥은 건재함의 표시다. 아직은 기죽지 않는다는 자신감이다. 그 벌컥거림이 때로 미덥게 여겨지기도 한다. 나도 참말 웃기는 꼴깍이다.

2008년

마른풀

  요즘 들어서 감정의 절제기능에 이상이 생긴 것 같다. 마음은 변한데 몸이 따르지 않고 생각과 말이 따로 논다. 하루에도 몇 번씩 기분이 좋았다 나빴다 하고 별것 아닌 일에 열이 오르다가 제풀에 스러진다. 변덕을 부릴 나이도 지난 것 같은데 감정의 기복이 죽 끓듯 하니 무슨 조화인지 모르겠다.
  봄날 저녁, 상태가 비슷한 여자들 셋이 만났다. 벚꽃이 지기 전에 꽃구경을 하자는 게 남들이 보면 정말 이유 같지 않은 이유다. 우리는 거창한 명분으로 만날 일은 없다. 지루한 일상에 사소한 핑곗거리면 족하다. 오늘은 저리 꽃이 아름다우니까!
  오렌지 빛깔의 불빛 아래서 보는 벚꽃은 낮에 보던 것과는 너무 다르다. 여자도 밤에 더 사랑스럽고 예뻐 보인다는 말이 이런 빛의 착시현상이 감정의 착시 현상으로 바뀌면서 빚어낸 착각 같은 것 아닐까. 한 여자가 "꽃이 너무 아름다워. 이렇게 고울 수가 있을까." 한다. 그 말을 받아서 다른 여자가 "전에는 안 그렇더니 오늘은 꽃을 보니 막 슬퍼지네. 눈물이 날 것 같아." 한다. 심드렁하니 서 있던 다른 여자가 "그게 다 늙는다는 징조야. 전에는 꽃보다 당신이 더 예뻤지?" 하고 히죽 웃는다.

연방 꽃의 아름다움에 넋을 놓다가 금방 슬픈 느낌으로의 곡예를 하는 세 여자의 위태로운 감정의 사치 앞에서 놀란 꽃들이 화들짝 떨어진다. 곧 눈물이라도 찍어낼 듯한 마음들은 봄밤의 미풍 한 자락에 그만 쓸쓸해져버린다. 바람이 찬데 어디로 들어가자고 한 여자가 눈을 끔벅거린다. 벌써 꽃구경 끝이다. 간이 밸 듯하다가 말아버리는 변덕을 누가 말리랴.

한 여자가 불쑥 내뱉는다. 우리 여행 가자. 그래. 어디가 좋을까. 언제가 좋을까. 이럴 때의 의기투합이란 곧장 자리를 박차고 일어설 것만 같다. 그러나 나는, 아니 우리는 알고 있다. 찻잔의 온기가 사라지기도 전에 귀찮아, 피곤해, 어른한테 가 봐야 해, 치과에 갈까봐 등의 이유로 금방 없었던 얘기가 되어 버린다는 걸.

나도 그렇지만 두 여자도 이제 사는 것에 지친 것 같다. 할 일이 없어진 듯한 무료함, 무료가 주는 적막감, 거기에 봄날의 나른함까지 겹쳐 감정의 탈진상태까지 몰고 가는 기이한 현상들에 우리는 서로 시선을 피해버린다. 한 여자에게서 나타나는 증상은 침묵이다. 세상으로 통하는 문을 닫는다. 이메일을 열지 않고, 두세 달 심하면 몇 달씩 홈페이지엔 빗장이 걸린다. 닫힌 문 앞에서 객들이 고개를 빼고 언제쯤이나 주인이 돌아올까 기다리다 지칠 때쯤, 그녀는 '까꿍' 하고 나타나 설레발을 치고 수선을 피운다.

또 한 여자는 잠수한다. 두문불출이다. 집에 있는지 없는지 알 수가 없다. 핸드폰도 그녀는 없다. 그럴 때는 서로를 향한 안테나를 접어버리고 제 할 일들만 한다. 그러다 불쑥 도깨비들처럼 비 내리는 거리에서 목을 빼고 서로를 기다린다. 이유는 비가 오니까. 적조했던 시간들에 대한 목마름을 소낙비처럼 쏟아내다 보면 건조했던 숨구멍이 해갈 된다.

복분자 술 몇 잔에 정신이 아물 하다. 술기운 탓인가. 뻔뻔해지는 나이 탓인가. 세 여자의 이야기는 아슬아슬 위험수위를 넘나든다. 남편이 아예 그X 집에 가서 사는 바람에 딸집에 가서 몇 달 있다 왔다는 여자, 부부간에 애정 없인 살아도 돈 없이는 못살겠다는 말엔 서로 고개를 끄덕끄덕 거리고. 자존심 때문에라도 하기 쉽지 않은 남편의 첫사랑 얘기를 하며 한 여자 코를 팽 푼다. 삼십년 넘게 오로지 한 여자를 가슴 안에 담고 사는 남자가 '내 남편만 아니라면 너무 멋진 남자'가 아니냐고 히히거린다. 그런 그녀에게서 마른 풀 냄새가 난다. 연하고 부드러운 풋풋하니 싱그러웠던 시절 다 보내고 빈들에 서있는 마른 풀 같은 여자들은, 봄밤이 주는 달콤한 슬픔 앞에서 말을 잃는다.

  사소한 것들에 서운하고, 섭섭한 말 한마디에 가슴이 저리고, 따뜻한 눈길에는 그냥 무너져버리는 마른풀의 수런거리는 소리가 내 안에서 들린다. 나는 죽은 게 아니라 속잎을 키울 뿌리를 갖고 있어. 잎을 틔울 줄기들이 내 안에는 있지. 흔들고 가는 바람에게 버럭 소리 지르는 건 너를 사랑하기 때문이지. 꽃잎이 바람결에 가뭇없이 떨어진다. 절정의 시간을 보내고 미련 없이 내려놓고 떠나는 몸짓이 아름답다. 혼신의 힘을 다하여 타올랐다 사라지는 생명이 꽃 너뿐이더냐.

2004년 4월

孤馬大江何以笑

 주변에 자꾸만 아픈 사람들이 생긴다. 나이 들어간다는 것은 병을 찾아 가는 길인가. 나는 그동안 늘 건강하다고 자랑했다. 특히 다리는 얼마나 튼튼한지 육중한 체중을 감당하기에 모자람이 없다고 생각했다. 자랑 끝에 쉬 슨다더니 요즘 내 다리가 수상쩍다.
 지난해 연말쯤이었다. 소설가인 고 여사가 병원에 입원했다는 소식을 듣고 병문안을 갔다. 밝은 연말이라 어수선한데 병실은 안방처럼 따뜻하고 환자도 편안해 보였다. 큰 병이 아닌 것에 마음이 가벼워졌다. 어깨 수술로 팔이 조금 부자유스러울 뿐인 환자의 상태를 보니 슬슬 골려주고 싶은 생각이 들었다. 중병의 환자라면 그 앞에서 위로의 말을 찾으려 끙끙대겠지만. 앞서 누군가 꽃바구니를 보낸 사람도 나와 비슷한 마음이었던가 보다. 꽃바구니의 리본에 '孤馬大江何以笑'라는 글이 적혀 있었다. 무슨 뜻인가 하고 고개를 갸우뚱 하다가 그만 웃음이 빵 터져버렸다.
"자네는 그래도 빨리 감을 잡네."
단정하니 머리를 빗어 환자 같지 않은 고 여사가 빙그레 웃으며 말했다.
"저게 무슨 말이고?" 같이 간 박 원장이 물었다.
꽃집을 하는 시인 장 선생이 그런 리본을 보내어 환자들을 웃게 한다고 하였다.
천지사방에 꽃이 피어 만발하던 어느 봄날, 이번엔 박 원장이 교통사고로 입원을 했다는 소식이 들렸다. 고속도로 주행 중 일어난 사고는 대개 중상 아니면 사망이라고들 하는데, 운전을 한 남편은 멀쩡했고 그녀만 4주 진단을 받았다고 하였다. 사고가 난 차는 폐차를 해버렸다니 어느 정도의 사고인지 짐작이 갈 만하다. 그 정도 다친 건 정말 조상이 돌본 거라며 위로를 했다. 이번에도 예의 '孤馬大江何以笑'라고 적힌 꽃바구니가 배달되어 있었다. 이번에는 고 여사가 보낸 것이었다. 함께 간 일행들은 그곳이 병실이란 사실도 잠시 잊은 채 킬킬거렸다. 환자가 누운 상태에서 일어나는데 한참이 걸렸다. 누에가 섶으로 올라가려고 용을 쓰듯 한, 슬로비디오 한 컷을 보는 것 같다는 내 말에 모두 웃음을 참지 못했다. 환자는 가슴이 결린다며 오만상을 찌푸렸다.

의사는 내 무릎 뒤를 꾹 눌러보기도 하고 살살 문지르기도 하더니 "따끔합니다." 하는 말과 동시에 주삿바늘을 찔렀다. 20cc 가량의 노란 액체가 나왔다. 몇 달 전부터 오금이 단단해지며 앉고 설 때마다 아프고 걸을 땐 나도 모르게 절름발이가 되었다. 처음엔 대수롭지 않게 여겼다. 정형외과에 갔더니 베이커시낭종이라고 했다. 그것은 순환이 원활하지 않아 물이 고이는 것인데 간단한 수술로 물주머니를 제거할 수 있다고 했다. 무슨 순환이 왜 하필 오금인지 물어볼 새도 없이 의사의 너무 간단한 '수술'이란 말은 평소 건강에 대한 내 자신감을 여지없이 박살내버렸다.

나는 어릴 때부터 주머니 종류를 좋아했다. 어머니는 자투리 천으로 예쁜 복주머니나 신발주머니를 만들어 주었다. 무엇이든 그 속에 들어가면 다 내 것이 되는 게 좋았다. 나는 끝없이 내 주머니를 키우며 살았다. 그것이 이룰 수 없는 꿈이고 사랑이고 헛된 욕망일지라도 다 내 주머니에 넣고 싶었다. 나이 먹어가면서 끝없는 물욕이 주머니를 키우더니 결국엔 오금에 물주머니까지 만들 줄은 몰랐다.

우선 몸속의 혈액을 원활하게 하는 치료부터 받기로 했다. 하다가 안 되면 몰라도 덜컥 수술을 하고 누워 있고 싶지는 않다. "다른 사람들 다 한다고 나까지 따라할 거 뭐 있어."

걱정하는 식구들 앞에서 절대 수술하는 일 따윈 없을 거라고 큰 소릴 쳤다. 내가 수술을 하고 누워있으면 릴레이 바톤을 받듯 예의 '고마대강하이소'가 배달되어 올 것이다. 내가 골려주었는데 고 여사나 박 원장이 가만히 있을 리가 없지 싶다.

2008년

사랑을 잃다

 십 년째 키우는 개 한 마리가 있다. 생후 보름쯤 되었을 때 우리 집으로 왔다. 나는 동물을 별로 좋아하지 않지만 하얀 새끼 강아지는 마르티스 품종으로 아주 예뻤다. 조막만 한 것이 내 뒤를 졸졸 따라다녔다. 내가 뭐라도 하고 있으면 엉덩이 옆에 붙어서 잠을 자거나 까만 눈을 동그랗게 뜨고 쳐다봤다. 나를 엄마라고 생각하는지 배가 고프면 내 손가락을 쪽쪽 빨았다. 아이들이 즐겨먹는 뽀또라는 과자가 강아지 이름이 되었다.
 뽀또랑 눈을 맞추고, 알아듣거나 말거나 얘기를 하다보면 녀석은 사람보다 나을 때도 있었다. 말을 알아듣는 듯 조용히 앉아 있기도 하고 고개를 갸웃거리며 눈을 맞추기도 했다. "귀찮아 저리 가." 하면 제 집으로 쏙 들어가서 부를 때까지 나오지 않았다. 낮잠을 자면 옆에 와서 같이 잤다. 네 발을 하늘로 치켜들고 자는 모습이라니, 그만큼 맘 놓고 잔다는 표현 같았다. 나는 못 쓰게 된 양말의 목을 잘라 옷을 만들어 입혔다. 저도 뭘 아는지 옷이 마음에 들면 좋아서 빨빨거리고 다녔다.

원래 이 놈의 주인은 큰딸이다. 처음 얼마간 큰딸은 강아지를 가방에 넣고 다녀서 그 존재를 알지 못했다. 머리를 쏙 눌리면 보이지 않을 만치 작았다. 녀석의 존재를 안 뒤부터 어쩐지 애처로웠다. 답답해서 어쩌나. 나가서 똥이나 싸면 어쩌나. 누구 발에 밟히면 어쩌나 집으로 올 때까지 걱정이 되었다.

녀석은 아주 건강했다. 토실하니 살이 오르니 털이 더 탐스러웠다. 딸들은 자주 목욕시키고 빗질을 해서 예쁜 핀을 꽂아 주었다. 모두가 귀여워하고 서로 안으려고 쟁탈전을 치렀다. 모두의 사랑과 관심 속에 제법 모습이 성숙해진다 싶더니 어느 날 암컷이 되었다는 징표가 나타났다. 녀석은 제 흔적이 우리 눈에 뛰지 않도록 뒤처리를 아주 깔끔하게 처리했다.

아이들은 뽀또를 닮은 새끼를 원했다. 동물병원에 부탁했더니 이틀만 맡겨 놓으라고 했다. 그러나 어찌된 일인지 꼬리를 딱 붙이고 수놈을 받아들이지 않는 바람에 합방에 실패하고 말았다. 결국 새끼를 낳아서 몸매가 미워지는 것보다 예쁜 모습 그대로 우리 곁에 있어 주는 걸로 만족하기로 했다.

그런데 내가 잠시 바깥 일로 바쁜 사이에 요것이 남편의 애첩이 되었다. 밤마다 그의 가슴에 안기거나 같이 베개를 베고 자는 게 영락없었다. 남편이 술이라도 마시고 온 날은 그야말로 눈꼴이 시었다. 술 냄새 싫어하는 본처와는 달리 술 냄새가 좋은지 연방 그의 입술에다 뽀뽀를 했고 그도 그것이 싫지 않은 모양이었다. 내가 싫은 소리를 하면 남편은 마지못해 "저리 가." 하고 쫓아내는 시늉만 했지 정작 다시 불러들였다. 그의 등 뒤에 찰싹 붙거나 다리 사이에 잠든 녀석의 모습을 질투할 수도 없고, 쫓아내도 자다보면 이불 속에 들어와 있으니 이를 어쩌랴. 그렇다고 시앗에게 자리를 내주고 다른 방으로 가서 잔다는 건 웃기는 일 아닌가.

지난해 손자가 태어났다. 아기는 조리원에 보름쯤 있다 우리 집으로 왔다. 새 손님은 모두의 환영과 축복을 받으며 외가에서 첫 밤을 보내는데, 강아지 털이 아기에게 좋지 않다는 이유로 밖으로 쫓겨나야 했다. 갑작스런 이별에 남편의 살뜰한 정이라니. 지붕이 파란 집을 사와서 그 안을 신부 방처럼 꾸며주었다. 그래도 뭐가 미진한지 연방 나가서 쓰다듬고 같이 골목을 한바퀴 돌다 오곤 했다. 나한테 그 반만 해봐라 하는 심정으로 나는 못 본 체했지만 속으론 고소했다.

뽀또는 까만 밤하늘이 무서운지, 든든한 가슴팍이 그리운지 저녁 내내 낑낑거리고 울었다. 남편은 몇 번씩이나 밖에 나가 담배를 피우고 들어왔다. 며칠을 낑낑거리고 울던 녀석도 점차 체념을 하는 듯 조용해졌다.

정이라는 게 뭔지 우리의 모든 신경은 새로 태어난 손자에게 쏠렸다. 녀석은 그만 찬밥 신세가 되고 말았다. 나는 그저 밥이나 주는 것으로, 남편도 간간이 이름을 부르는 것으로 정이 멀어졌다. 딸이 저희 집으로 간 뒤에도 녀석은 안방으로의 복귀를 하지 못했다. 나의 절대적인 반대에 부딪쳤기 때문이다. 담배를 끊으면 녀석과의 동침을 허락하겠노라 했지만 그 사이 정이 식었는지 그는 첩년의 애교보다 평생의 낙을 택했다. 그들은 가까이 있지만 너무 먼 남남이 되었다.

요즘 뽀또에게 무슨 일이 생긴 것 같다. 스트레스가 원인인가. 오줌 색깔이 예사롭지 않다. 붉은 핏빛이다. 살도 많이 빠졌다. 털도 까칠해 보이고, 꾀죄죄한 모습이 나이 든 노숙자 같다. 주인의 사랑을 받지 못해 속이 곪아 버린 건지, 떠나간 정이 섭섭하여 마음에 병이 든 건지, 배가 고프지 않으면 제 집에서 잘 나오지도 않는다. 이름을 부르면 꼬리를 두어 번 흔들 뿐이다.

그런 녀석에게 은근히 신경이 쓰인다. 남자의 변심에 속이 편해야 할 텐데 오히려 섭섭한 기분이 드는 건 무슨 심사인가. 못 믿을 남자의 마음. 이미 식어버린 사랑을 어찌 돌려놓을 수 있으랴. 놈의 풀죽은 모습을 보면 뭐라고 위로를 해주고 싶다. 측은지정은 이런 것을 두고 하는 말이 아닐까. 위로랍시고 누군가의 말을 흉내 낸다. 부질없는 사랑에 목매지 마라. 사랑 그 따위 다 잊어버리고 아프지나 마라. 한줌의 사료보다도 의미 없는 그런 사랑은 잊는 게 상책이다. 이 무슨 누가 누구를 위한 위로인가. 나도 잠깐 헷갈린다.

한 상床 받다

올해도 생일을 개 보름 쇠듯 했다. 설 지나고 며칠 지나지 않아 생일이다 보니 늘 이런 식이다. 결혼 전엔 어머니께서 생일 때면 수수를 넣은 찰밥과 미역국을 꼭 끓여주셨다. 하나뿐인 딸이 무병장수하길 바라는 마음이 잊지 않고 그러셨을 것이다. 그때마다 밥상머리에 앉아서 혼잣말처럼 하셨다. "여자는 시집가면 생일을 잊어버리기 일쑤란다. 알아서 네가 챙겨 먹도록 해라. 하기야 자식 생일엔 어미가 잘 먹어야 되는 거지만 말이다."

화려한 꽃바구니를 들고 나타날 사람도 없는데, 대문간을 서성이는 듯한 마음은 핸드폰만 자꾸 들여다본다. '당신 생일 축하해.' '어머니, 사랑해요.' 같은 메시지가 들어올까 하고. 요즘 아이들이 얼마나 바쁜데 엄마의 생일을, 그것도 음력을 기억이나 하려고? 무르춤한 기분으로 텅 빈 집에 들어가려니 정말 내가 잘못 산 것인가. 이렇게 밖에는 대접받지 못하는 존재인가. 꼭 누군가에게 라고 할 것도 없이 섭섭한 생각이 들었다. 예전에 어머니께서 하시던 말씀이 공연히 떠올라서 아무도 없는 허공에다 "엄마!" 하고 불렀다.

중학교에 막 들어가고 얼마 지나지 않아서였다. 학교를 파하고 집으로 가는 길에 장터에 들렀다. 삼십 원을 가지고 살 물건이 없었다. 꽁치 세 마리를 샀다. 생선장수 아저씨는 누런 종이에 꽁치를 둘둘 말아 지푸라기 너댓 가락으로 묶어주었.
"그거이 뭐고?" 저녁밥을 짓던 어머니가 내가 들고 있는 것을 보고 물었다.
"이거 샀어. 엄마 생일이라고."
이튿날 온 동네에 소문이 났다. 어린것이 엄마 생일이라고 꽁치를 사왔단다. 나는 동네 어른들 사이에 기특한 아이가 되었고 한동안 또래들 사이에서 꽁치라고 불렸다. 그날 꽁치를 들고 시오릿길을 걸어오는 동안 얼마나 흔들며 걸었던지 지푸라기 끈이 떨어져버렸다. 꽁치에 흙고물까지 묻혀 어머니께 드렸는데 내가 해본 최초의 생일선물이었다.

어느 날 아침 주방에 가보니 포장지를 풀지 않은 상床이 놓여 있었다. 아침밥을 먹으면서 "저 상은 웬 거예요?" 하고 남편에게 물었다. 이제부턴 상 차려서 방에서 먹자는 대답이 돌아왔다. 뭐야, 점점 더 편하고 싶다는 얘기네. 턱밑에까지 받치라는 거잖아. 시큰둥한 표정으로 상을 한쪽으로 밀쳐두었다.

  보름날 아침 포장지를 풀고 상을 닦았다. 반질반질 윤이 나는 갈색의 나뭇결이 매끄러웠다. 둘이 겸상으로 먹기에 안성맞춤이다. 안방으로 밥상을 들고 갔다. 보름이라고 딴에는 이것저것 차렸다. 조기만 구워 올리면 입이 벙싯 벌어지는 남편은 식성이 좋다. 가끔은 너무 잘 먹는 게 미울 때도 있다.

  갑자기 아이들 생각이 나서 가슴속이 찡하니 아프다. 다 자랐다고 직장 따라 집을 떠나 있는 세 아이를 밥상머리에 죽 앉혀본다. 다들 보름밥은 먹었을까? 보나마나 큰아이는 새벽같이 나가서 늦은 아침밥을, 그것도 식당에서 먹을 게 뻔하다. 부럼을 깨물지도 귀밝이술을 마실 일도 없을 게다. 어쩌면 그런 게 뭔지도 모르고 보름을 보내겠지.

  "아따, 이래 밥 먹으니 참말 좋다." 들으라는 듯 그가 숭늉을 마시며 말한다. "왜 상을 살 생각을 했어?" 내 말이 떨어지기가 무섭게 "생일 선물이지." 한다. 아주 기특한 짓을 했지, 하는 그의 표정을 보며 한마디 꽉 하려다 꿀꺽 참는다. 어쩌면 옛날이나 지금이나 저렇게 멋없고 주제파악을 못할까. 상을 생일선물로 받는 아내. 그게 나이니 이런 글도 쓰는 거라고 위안을 한다.

나는 어릴 때부터 내 것이라고 욕심내어 본 기억이 별로 없다. 형제가 없으니 뭐든지 다 내 것이었다. 그런 나를 두고 어머니는 매사에 욕심도 앙금도 없다고 걱정을 했다. 결혼을 하고도 무슨 기념일이니 생일이니 챙기는 게 엎드려 절 받기 같아서 그냥 덤덤하니 넘어갔다. 여우 같은 아내나 엄마가 되지 못하고 미련한 곰같이 산 내게 아이들마저 떠나간 집은 적막하고 쓸쓸할 때가 많다. 객지에 있어 미역국을 끓여 주지 못하는 자식들 생일엔 가슴이 저리다.

자신의 생일을 챙기는 것도 능력일까. 엎드려 절은 아무나 받는가. 내 친구는 생일 한 달 전부터 계속 가족들에게 주입을 시킨다고 했다. 그래서 생일이면 음식을 가득 차려서 이 정도는 충분히 나 먹을 자격 있다. 선물 받을 자격도 당연히 있지, 그렇게 생색내고 선물을 접수한다는 것이다. 마음에 들지 않으면 그 자리에서 바로 말한단다. 이런 거 사오려면 다음부터는 현금으로 가져오너라. 나는 왜 그런 배짱이 없을까. 아내 구실을 못했나, 엄마 노릇을 안했나. 남편이 우연찮게 아는 사람의 가게에 갔다가 그냥 나오기 뭣해서 사왔다는 상床. 내가 꼭 그 상 같다.

매일 아침 눈을 뜨면 나는 한 상 받는 기분이다. 누군가가 차려 주는 상. 그 상을 잘 먹어 치우는 날이 있는가 하면 손도 대보지 않은 채 물리는 날도 있다. 하루라는 보이지 않는 상을 천년같이 쪼개며 사는 사람들을 보면 부럽다. 나는 왜 그렇게 되지 않는지 그렇게 살아지지가 않는지 속이 상한다. 하루를 한 시간의 가치도 안 되게 써 버리는 자신의 게으름이 무능의 소치가 아닐까 싶기도 하다. 언제나 늘 내 앞에 차려질 것이라는, 늘 오늘이 계속될 것이라는 생각은 얼마나 교만한가.

몸살이 났는지 온 전신이 아프다. 머리를 만져줄 아이들도 곁에 없고 있다는 남편은 물 한 그릇도 갖다 줄 줄을 모른다. 도리어 표정을 보니 왜 상 안 차려오고 누워있냐고 말하고 싶은 얼굴이다. 이제는 알아서 할 때도 되었지. 골이 난 아이마냥 이불을 뒤집어쓴다. 바람이 창문을 흔들고 지나간다. 오늘이라는 잘 차려진 상을 나는 또 엎어버리고 말았구나 싶은 생각에 눈물이 핑 돈다. 수도 없이 엎어치운 상들. 아까운 참말로 안타까운 짓을 나는 언제까지 할 건가.

어딘가를 끝없이 헤매다가 땀에 흠뻑 젖어 일어났다. 길도 없는 숲속, 종아리를 풀줄기에 실키며 얼마나 걸었던지 다리가 뻐근하다. 허방을 짚어 땅 속으로 꺼져들기도 하는 꿈을 요즘 들어 계속 꾼다. 엎어버린 상에 대한 죄를 받고 있는 중이다.

2009년

그날 밤 무슨 일이

　요즘 아이들 말로 생뚱맞은 짓을 했다. 오기도 아니고 객기도 아니고 그렇다고 감상적인 마음도 아니었는데 무슨 생각으로 그런 주책을 부렸는지 모르겠다. 한치 앞을 모르는 게 세상살이이긴 하지만 그날 밤의 날씨 또한 그랬다. 바람 한 점 없는 무더운 여름 밤, 기분전환이라도 하려고 참석한 문학행사는 답답하고 지루했다. 기대를 갖고 갔다가 늘 미진한 마음으로 돌아서게 되는 이런 모임은 식상한 지 오래다.
　전철을 탈 때도 괜찮던 날씨가 밖으로 나오니 비가 쏟아지고 있었다. 그것도 빗줄기가 굵은 장대비 아닌가. 이런 비를 게릴라성 폭우라고 하던가. 사람들은 비가 들이치는 지하도의 계단에서 목을 빼고 버스를 기다리거나 택시가 멈추기를 바랐다.

빈 택시는 오기가 바쁘게 날쌘 사람들이 잡아선 타고 가 버렸다. 술 냄새를 풀풀 풍기는 사람을 피하여, 막차가 될지도 모르는 버스를 타기 위하여 사람들은 하나 둘 빗속으로 달려갔다.

　빗줄기가 조금 가늘어진다 싶을 때 집을 향해 걷기 시작했다. 얼마 못 가서 온몸이 비로 젖었다. 옷이 젖을까 망설이는 건 잠시다. 뭐든지 처음에 망설여지고 두렵지, 막상 어떤 일을 하거나 부닥치면 길들여지는 게 사람이다. 머리에서 빗물이 줄줄 흘러 목덜미를 타고 내렸다. 처음엔 뜨뜻하더니 이내 차가워졌다. 비에 젖은 바지가 종아리에 감기고 구두가 질퍽거렸다. 빗물이 낮은 곳을 향하여 잔 물살을 이루며 흐르는 아스팔트 위를 철벅거리며 걸었다. 자동차들이 비켜 갔다.

　갑자기 슬픈 생각이 들었다. 몹시 초라하고 내 몰골이 한없이 처량했다. 어리던 날의 슬프고 축축했던 기억, 비가 와도 엄마는 우산을 갖고 오지 않았다. 우산을 들고 온 엄마를 따라 친구들이 교실을 떠나고 나만 혼자 남았다. 그때도 빗줄기가 가늘어지길 기다려 비를 맞으며 집으로 갔다. 내 모습이 초라해보여서 엄마 마음을 아프게 하려고 나는 일부러 오들오들 떨고 기침도 콩콩 해댔다. 왜 그때 엄마는 우산을 가지고 오지 않았는지 지금도 잘 모르겠다. 그러고 보면 집에 우산 같은 게 있었는지도 잘 기억나지 않는다.

　질퍽거리는 구두를 벗어 들었다. 구두를 벗어난 발이 시원해 살판났다는 듯 철벅철벅 소리를 내며 좋아했다. 구속으로부터의 자유를 목말라 했던 내 안의 크고 작은 고리들이 풀리며 서로 밖으로 나오려고 하는 통에 나는 일순 비틀거렸다. 무엇이 나를 묶고 있었던 걸까. 무얼 누구를 의식해서 나는 늘 무언가로 무장하며 살았단 말인가.

 흥얼흥얼 노래가 나왔다. 그건 비 때문이 아니었다. 모임의 끝자리에서 마신 그깟 두어 잔의 술 때문도 아니었다. 아무도 보는 이 없는 캄캄한 밤이 주는 자유, 안도, 홀가분함이 답답한 가슴을 여는 소리였다. 아무도 보는 사람이 없을 때, 아무도 의식하지 않을 때 인간의 본심이 나온다고 했던가. 그럼 지금의 내 모습이 가장 솔직한 내 모습이란 말이지. 호호.

 제목도 모르는, 끝까지 아는 것도 없는 노래가사들이 가늘어진 빗줄기처럼 끝없이 나왔다. "천~둥산~ 박달재를 울고 넘는 우리 님아~." 부르고 보니 그 남자의 십팔번이다. "오동잎 한 잎 두 잎 떨어지는 가을밤에~." "한 많은 이 세상 야속한 니~임~아~~." 생각나는 노래는 다 불렀다. 아무도 듣는 사람 없는 깜깜한 밤길에 혼자 부르는 노래는 꺽꺽거리다가 뚝 끊어지곤 했다. 조금 전 까닭 모르게 눈물이 비질거리며 나오던 것도 잊고 가슴이 씻은 듯 시원해졌다.

 누군가가 내 모습을 봤다면 고개를 저었을 것이다. 웬 여자가 신발을 벗고 비를 쫄딱 맞으며 가더라. 노래를 흥얼거리며 차도를 겁 없이 가는데 깜짝 놀랐다고, 아까 헤드라이트 불빛을 깜빡깜빡하고 지나갔던 택시기사는 내일 동료에게 말할지도 모른다. 그러나 일탈된 행동을 함으로 하여 무료한 일상의 권태가 사라졌음을 어찌 당신이 알랴. 어리던 날 골목길에 고인 물웅덩일 찰박거리며 놀다가 엄마에게 붙들려 들어가 볼기를 맞은 아득한 기억이 그날 밤 내 온몸으로 살아 퍼덕였음을 어찌 알랴.

집으로 돌아왔을 때 집안은 조용했다. 늦게 왔다고 왜 옷을 다 버렸냐고 볼기를 칠 엄마는 어디에도 없었다.

다음 날 목욕탕 바닥에 누군가가 허물처럼 벗어 놓은 옷가지들을 그녀는 낯설게 바라보았다.

2008년

점옥이

  얼마 전 한 여인을 만났다. 아주 먼 나라의 여인이지만 어디서 본 듯한 여자였다. 가끔 영화에서나 소설 속에서 만난 사람이 오래도록 잊히지 않을 때가 있다. 그녀가 그랬다. 한 여자의 삶이 너무 지난하고 슬퍼서 한동안 가슴이 먹먹했다.

  '나나' 라는 별로 똑똑지도 예쁘지도 않은 여인과 그녀의 딸 '마리암'. 나나는 주인 남자에게 성폭행을 당한 뒤 딸을 낳는다. 어느 곳이나 사람 사는 세상은 비슷한 것 같다. 주인이 하녀를 범하는 것은. 그 사이에서 자식이 태어나면 작은 집을 마련하여 두 집 살림을 하는 것도. 마리암은 자라면서 아버지를 향한 그리움에 늘 수풀로 난 작은 길을 바라본다. 산속 오두막집으로 아버지가 오기만을 기다리는 딸. 상황은 다르지만 나도 어릴 적, 전장戰場에서 돌아오지 않는 아버질 얼마나 기다렸던가.

성폭행은 힘 있는 자들의 만행이다. 그것이 물리적이든 권력이든 갑이 저지르는 횡포다. 사장이 아르바이트생을, 상관이 부하를, 스승이 제자를, 아버지가 의붓딸을. 철면피에 인두겁을 쓴 인간들이 연일 신문의 사회면을 장식한다.

마리암을 보면서 여자의 일생을 생각했다. 순종만을 강요당하고 그 어떤 것도 참아 넘겨야 하는 삶이 예전 우리 어머니들의 삶을 고스란히 옮겨 놓은 듯싶었다. 마리암이 살았던 곳은 이란과 중국 파키스탄에 둘러싸인 아프카니스탄이다. 그 나라의 사정이 일본과 중국으로부터 끊임없이 침략당한 우리 역사와 닮은 것 같다. 아랍, 탈레반, 무장세력, 듣기만 해도 섬뜩하다. 그곳 여성들은 지금도 인권을 유린당하고 일부다처제와 명예살인이 저질러지고 있다.

지금 나는 소설의 줄거리를 이야기하려는 게 아니다. 마리암을 닮은 한 여인이 오래된 기억의 끝자락에서 홀연히 내 앞에 나타났기 때문이다. 어릴 적 이웃에 살았던 점옥이다. 마리암과 점옥은 어린 시절 부모를 잃고 불행한 삶을 산 여인들이다. 전쟁은 어느 곳에서 일어나든지 그 안에서 겪는 삶은 크게 차이 나지 않는 것 같다. 생과 사의 절박함, 가난과 굶주림, 인간이 겪을 수 있는 극한의 한계. 살아남은 자에게 주어진 상처뿐인 자유. 그것을 얻기 위하여 치른 누군가의 엄청난 희생의 대가로 세상은 변하고 발전한다.

나는 외가가 있던 마을에서 중학교 때까지 살았다. 아주 목가적 풍경 속의 1960년대, 내 성장기는 '가난'만 빼면 부족한 게 없었다. 마을은 늘 조용하고 정겨웠다. 그 안에서 살아가는 사람들의 삶 또한 순박하였다. 요즘 같은 농기구가 없을 때라 온 동네 사람들이 서로 품앗이로 농사를 지었다. 모를 심고, 김을 매고, 추수를 할 때도 모두가 내 일처럼 거들고 도왔다. 고구마로 끼니를 때워도 궁색함을 몰랐고, 군불 땐 방바닥에 온 식구가 이불 한 채로 밤을 새도 마음이 따듯했다.

  그런 조용한 동네에 외지인이 들어왔다. 어느 장날 해거름에 아랫집 황 씨가 옷 보따리를 가슴에 안은 계집애를 데리고 온 것이다. 나이는 나보다 한두 살 많을까. 먼 친척뻘 아이인데 의지가지 할 곳이 없어서 데리고 왔노라고 했다. 몸집이 마른 아이는 피부가 가무잡잡하고 이름이 점옥이라 했다. 그때 황 씨의 아내는 폐병으로 몇 해째 앓아누워 있었고 아이들이 넷이나 되었다. 황 씨의 큰아들 나이가 점옥이와 비슷했다.

  아이는 무척 부지런했다. 마치 그 집 큰딸처럼 보였다. 아픈 황 씨 아내의 시중을 드는 것은 물론 밥을 짓고 빨래를 하고 물을 길러 다녔다. 마을 사람들은 모두 입에 침이 마르게 칭찬을 했다. 복덩이가 들어왔다고들 했다. 물독은 늘 채워져 있었고 검은 솥은 반들거렸다. 그 집 아이들은 더 이상 구멍 난 양말을 신지 않았다.

그런데 언젠가부터 그 집 안방에서 쇳소리가 나기 시작했다. 하루는 어디서 그런 힘이 나는지 황 씨 아내가 점옥이의 머리채를 잡아 뜯으며 패악을 부렸다. 아픈 아내가 강짜를 부리는 거라고 했다. 점옥이 마을에 올 때는 볼품없는 어린 계집애였다. 몇 해 지나다 보니 가슴이 볼록하고 엉덩이가 팡파짐한 처녀가 되었다. 누가 그랬던가. '여자는 익은 과실'과 같다고. 황 씨는 40대의 건장한 남자였다. 그가 계집애를 여자로 보기 시작했는지, 그의 뜨거운 숨결이 점옥을 여자로 만들었는지, 그 아내의 의부 증세가 애먼 점옥이만 종주먹을 당하는지는 알 수 없었다. 남녀관계는 안개처럼 아리송하고 소문이란 바람에 날아가는 연기처럼 잡을 수 없는 거였다. 쉬쉬 하는 가운데 사람들의 반응도 엇갈렸다. "못된 놈, 어린것에게 기어이 몹쓸 짓을 하다니." 하는 이들과, "설마 그럴라고. 순전히 황 씨 아내의 오해일 거야."로 나뉘었다. 어쨌든 황 씨 아내는 마흔도 안 되어 가슴 뜯을 일 없는 저세상으로 가버렸다.

남의 흉은 사흘이고 세월만 한 약은 없는 것일까. 점옥이 스무 살 차이도 더 나는 황 씨의 아내로 기정사실화되고 마을 사람들은 당연한 듯 인정해주는 눈치였다. 사람 사는 곳은 늘 바람이 분다. 그런데 바람이 사나운 폭우를 몰고 오면 큰 상처를 남긴다. 여름비가 내리던 어느 날, 황 씨가 총 맞은 멧돼지처럼 날뛰었다. 상대는 어깨가 떡 벌어진 큰 아들이었다. 그날 아들은 아버지가 휘두르는 굵은 작대기에 엄청나게 두들겨 맞았다. 이마가 터지고 런닝구에 핏자국이 선명했다. 점옥이 또한 마당까지 끌려 나와서 머리채가 잡히고 흰 적삼자락이 뜯겨나갔다.

비가 내리면 일손을 놓는 게 농촌이다. 입도 눈도 궁금하던 차에 희한한 구경거리가 생긴 셈이다. 사람들은 힐끗거리며 담 너머로 그들을 바라볼 뿐 말리려는 이는 없었다. 누군가는 쯧쯧 혀를 찼고, "저게 다 점옥이 부모 없는 탓."이란 소리도 들렸다. 그때 나는 처음으로 '나도 엄마가 없으면 저렇게 될까.' 하는 생각을 했다. 평소에는 정이 많은 마을 사람들이었지만 그날만은 아무도 그들의 싸움에 끼어들지 않았다. 점옥의 어깨 위로 떨어지는 매질에 나는 진저리쳤고 알 수 없는 분노에 가슴이 벌벌 떨렸다. 해가 지자 비는 시나브로 멎었다.

아들이 아버지의 여자를, 그것은 마을이 생긴 이래 가장 큰 사건이었다. 그 때문에 한동안 숙덕거리는 소리가 초가지붕을 들썩거렸다. 아들은 그날로 동네에서 자취를 감췄고, 그 아버지는 술만 취하면 점옥을 때렸다. 힘없는 여자의 운명이라니. 나는 그때 운명에 항거하지 못하고 끌려가는 여리고 약한 한 마리 작은 짐승을 보았다.

어린아이에게는 부모가 바로 힘이다. 아이가 스스로 세

상이란 바다에 설 수 있고, 멀리 날 수 있을 때까지 힘을 길러주는 것이 부모다. 나는 전쟁으로 아버지라는 '힘'을 잃었지만, 어머니라는 날개가 끝까지 품어주었기에 마리암이나 점옥이가 겪은 고초를 당하지 않아도 되었다. 어머니가 재가라도 했다면, 고아가 될 수도 있었고, 누군가의 의붓딸이 될 수도 있었고 성이 다른 여러 형제들 속에서 구박을 받으며 자랄 수도 있었다.

며칠 전, 뜨거운 물을 쏟아 다리를 뎄다고 어머니가 전화를 하셨다. 그때 나는 얼마나 다쳤냐고, 얼마나 아프냐고 묻지는 않고, 조심하지 그랬냐고, 퇴원한 지 얼마나 됐다고 또 사고냐고 소리부터 질렀다. 잘못을 저지른 아이처럼 아프다는 말도 못하고 슬그머니 전화를 끊던 어머니. 상처 중에도 제일 아픈 것이 덴 상처다. 우리 모녀는 서로 덴 상처 같은 존재다. 다만 나는 가끔 그걸 잊어버린다.

기차를 타고 어머니한테로 가는 내내 나는 가슴을 쳤다. 걸핏하면 버럭 소리부터 지르는 나를 향해 나쁜 년, 못된 년 하고 수없이 속으로 욕을 해댔다.

해바라기

 토요일 아침, 조간신문을 펼쳤다. 해바라기가 끝없이 펼쳐진 사진 한 장이 눈에 들어왔다. '해바라기가 피는 계절이구나.' 그러나 그런 생각도 잠시, 사진 속의 풍경은 우크라이나 광부들이 여객기의 잔해를 수색하는 사진이었다.

 지난 7월 17일, 말레이시아항공 여객기가 우크라이나 상공에서 미사일 피격을 받아 승객 298명이 전원 사망하였다는 뉴스를 접했다. 호주 멜버른에서 열리는 IAS(국제에이즈학회)에 참석하기 위한 학자들이 100여 명 탑승하고 있었고, 휴가를 즐기려고 떠나는 가족들이 대부분이었다. 그중엔 아이들도 80명쯤 된다고 한다.

 우크라이나 동부지역, 해바라기가 끝없이 펼쳐진 평원에서 벌어지는 수색작업. 그 사진을 보는 순간 내 머릿속은 팽목항

바닷가에 매달린 수많은 노란리본의 행렬이 떠올랐다. 즐겁게 수학여행을 떠났던 많은 아이들이 감감한 바닷속으로 사라졌다. 아이들을 삼켜버린 바다를 바라보는 부모들의 해海바라기는 끝날 줄을 모른다. 무슨 일이 있었느냐는 듯 침묵하는 바다엔 오늘도 파도가 너울거리고 햇살이 부서지고 배가 지나간다. 그동안 희망과 평온함을 느끼게 하던 노란 빛깔은 요즘 끝 모를 슬픔을 몰고 온다.

세월호와 비행기 사고. 두 사건 다 순식간에 일어난 기막힌 사고다. 비행기 사고는 먼 나라의 일이지만 가슴이 먹먹하긴 마찬가지다. 속절없이 스러져 가는 목숨들을 안고 바다가 느꼈을 안타까움과, 눈부신 태양 아래 활짝 핀 해바라기가 보았을 기함할 충격. "쾅 쾅, 두 번의 폭발음…. 여객기의 잔해가 하늘에서 비처럼 내렸다." 는 기사는 한동안 뇌리 속에서 떠나지를 않았다.

언젠가 외할머니가 말씀하셨다. 6·25 전쟁 때 적의 포탄을 피하여 피난길에 올랐을 때, 들녘은 누런 황금물결을 이루었고 수수는 여물어가고 있었다고. 그것들을 뒤로하고 떠나야 하는 심정은 당하지 않은 사람은 모른다고. 피난길에 양식은 떨어지고, 배가 고파 늘어진 자식들을 보면서 흘린 눈물이 얼마였는지, 고향의 들녘에서 익어갈 곡식들을 생각하면 눈이 뒤집힐 것 같은 심정이었다고 훗날 가슴을 치며 말씀하셨다. 묵묵히 제자리에서 꽃을 피우고 열매를 맺으며 제 할 일을 다하는 풀, 꽃, 나무. 그것들이 보고 들은 것을 다 말한다면 세상은 시끄러워 살 수 없을 것이란 생각이 든다.

〈해바라기〉라는 오래 된 영화가 있다. 소피아 로렌이 주연한 영화는 제2차 세계전쟁을 배경으로 사랑과 이별, 추억을 다룬 내용이다. 당시는 여배우의 이름도 몰랐다. 굵게 쌍꺼풀 진 커다란 눈, 튀어나온 광대뼈, 육감적으로 보이는 두툼한 입술. 지금도 생각나는 것은 사랑을 잃은 여인의 슬픔 가득한 눈이다. 오프닝과 마지막 화면을 가득 채운 해바라기의 끝없는 흔들림, 아무런 일도 일어나지 않은 듯 무심한 고요가 주는 절망이었다.

영화의 줄거리는 전쟁 앞에 인간이 얼마나 무기력한지를 보여준다. 매일매일 정성을 다하여 가꾸고 쌓아올린 소중한 것들이 어떻게 헝클어지는가를 보여준다. 행복한 젊은 남녀의 사랑. 그러나 전쟁은 그들을 회오리 속으로 몰아넣는다. 그들의 삶을 가차 없이 파괴하고 패대기친다. 신혼의 단꿈은 그야말로 일장춘몽이 된다. 전장으로 내몰린 젊은 남편. 그는 북부의 차가운 눈보라 속에서 실종되고 만다. 전쟁이 끝나도 돌아오지 않는 남편을 기다리던 아내는 기어이 그를 찾아 나선다.

아내 지오바나(소피아로렌)는 우여곡절 끝에 남편 안토니오(마르첼로 마스트로얀니)를 만난다. 그러나 그는 전쟁의 후유증으로 기억을 잃었다. 그가 눈 속에서 사경을 헤맬 때 목숨을 구해준 여자와 가정을 이뤘고 예쁜 딸아이도 있다. 자신을 알아보지 못하는 남자를 뒤로한 채 기차에 오르는 지오바나. 엇갈린 운명 앞에서 터지고 마는 그녀의 절절한 통곡.

 훗날 기억을 되찾은 안토니오가 그녀를 찾아온다. 그러나 지오바나 또한 새 가정을 이룬 뒤다. 안토니오는 돌이킬 수 없는 사랑 앞에 좌절한다. 지오바나를 향해 중얼거리듯 말한다. "왜 이런 일이 생겼는지 모르겠소."

 '이런 일'이란 시도 때도 없이 우리 앞에 복병처럼 나타난다. 전쟁, 지진, 폭력, 살인, 인신매매, 생기지 말아야 할 '이런 일'은 어제도 일어났고 오늘도 일어난다. 어쩌면 세상은 이런 일들로 끝없이 이어지고, 그리고 똑같은 일들이 내일도 일어날 것이다.

 여객기 사고가 일어나던 날. 우크라이나의 서부, 러시아 국경에서 멀지 않은 그곳에 해바라기는 끝없이 피어있었다. 우크라이나의 해바라기밭은 2차 세계대전 때 이탈리아 군인들이 죽어서 묻힌 무덤 위란다. 그 무덤 위에 무심한 듯 피어있는 해바라기의 평원. 수많은 젊은이들의 욕망과 꿈과 이루지 못한 사랑을 지그시 밟고 서서, 해바라기는 오늘도 바람에 몸을 맡긴 채 흔들리고 있다.

 그날도 파란 하늘에는 평화롭게 여객기가 날고 있었다. 그

곳이 한창 정부군과 반군의 싸움으로 시끄러운 우크라이나 상공이란 사실을 잊은 듯. 여객기 안에는 부모와 휴가를 떠나는 아이들이 즐겁게 종알거리고, 학술회에 참석하는 학자들은 다들 발표할 논문을 읽거나 고요한 휴식에 잠겨있었을 것이다.

 '쾅 쾅' 하는 폭발음과 함께 비행기는 1만 킬로 상공에서 공중분해 되었다. 비행기 안의 승객들이 "왜 이런 일이 생기는지 모르겠소." 하고 중얼거릴 틈도 없이 그들은 그냥 사라졌다. '청천하늘의 날벼락'은 바로 그런 것일 게다. 신문은 여객기의 잔해가 비처럼 쏟아졌다고 했다. 그런데 그게 여객기만의 잔해일까. 그 안의 고귀한 생명들까지를 잔해라고 할 수 있으랴. 해바라기는 결코 일어나지 말아야 할 '이런 일'을 노랗게 질린 채 보았을 것이다. 지금도 해바라기는 바람에 몸을 맡긴 채 무연히 피어 흔들리고 있으리라.

2014년

3부

달빛 아래 사과를 묻다
어머니의 밭
그 겨울의 아침
기다리는 여자
단골도 나이를 먹는다
나는 콜택시
바람, 바람이여
낮달 속의 낮
배롱나무를 접하다
다대포

달빛 아래 사과를 묻다

 야채 박스 안에 오래된 사과 한 개가 있다. 야채를 꺼낼 때마다 보게 되는데 그때마다 한 남자가 떠오른다.
 3년 전, 이맘때였다. 사과 한 상자를 택배로 받았다. 보낸 사람을 보니 황 선생이다. 추석선물로 보내기엔 볼품이 없는 사과였다. 잘 받았다는 전화를 했더니 대뜸 하는 말이,
 "제가 농사지은 겁니다. 꼬라지는 그래도 거창 사깝니더."
 사과는 맛있었다. 사람이나 과일이나 생긴 것만 보고는 그 속을 알 수 없다. 사과를 먹을 때마다 '고향이 거창인가. 농사는 아무나 짓나, 약을 제 때 안 쳤으니 이 모양이지.' 하고 속으로 생각했다. 어쨌든 내게까지 보낸 성의가 고마웠다.
 사람의 마음이란 참 간사하다. 시장에서 산 사과는 생각 없

이 먹는다. 맛이 있으면 잘 고른 것이고, 그렇지 않을 땐 먹을 때마다 타박을 하기 일쑤다. 그런데 그 사과는 못생기고 볼품이 없어도 이해가 되었다. 농사꾼 흉내를 내고 다녔을 그의 모습을 떠올리니 웃음이 나오기도 하고.

그는 달 밝은 밤, 하얗게 핀 사과꽃에 연정을 품음직도 한 사람이다. 어쩌면 그런 감성으로 얼치기 농사꾼 노릇을 하고 다녔는지도 모른다. 달밤이면 돗자리 깔고 누워 "이화에 월백하고 은한이 삼경인데." 하며 시조깨나 읊었을 것이다. 농주를 찔끔찔끔 마셔가며 세상 시름을 다 잊었을 것 같기도 하다.

그는 젊은 수필가로 체구는 작지만 성격이 호방하고 붙임성이 있어 사람들과 잘 어울렸다. 어디서 들은 건지, 지어내는 말인지는 몰라도 갖은 재료로 분위기에 간을 맞출 줄 아는 사람이었다.

그는 술과 노래를 좋아했다. 그를 아는 사람들 거의가 술자리를 하지 않은 사람이 없어 보였다. 나와도 격의 없이 지냈는데 술기운이 있을 땐 누님, 진지한 분위기에선 선생님, 장난기가 동하면 안방마님이라고도 불렀다.

낙엽이 지던 늦가을 어느 날, 핸드폰에 찍힌 문자를 보고 깜짝 놀랐다. 그의 부음 소식이었다. 병원에 입원을 했다기에 한차례 문병을 다녀오긴 했다. 젊은 사람이라 금방 툴툴 털고 일어날 줄 알았기에 병원에 가서도 전혀 심각하지 않앉다. 도리어 문병 간 일행들은 술을 너무 많이 먹어서 탈이 난 거라는 둥, 하다하다 별짓을 다한다는 둥, 자빠진 김에 두 다리 쭉 뻗고 쉬라는 둥 농담을 했다. 환자복 속의 그도 우리의 농이 싫지 않은지 빙긋이 웃으며 지청구를 다 들어주었다.

목숨은 살아있을 때 소중한 것이다. 죽는 순간 모든 것은 끝나고, 남은 사람들은 삶의 부질없음에 가슴을 저리며 지나간 날을 반추한다. 우리가 평소 친분 있게 지냈다 한들 서로에 대하여 얼마나 알고 있을까. 달랑 여동생 혼자서 문상객을 맞는 쓸쓸하기 그지없는 장례식장은 공기마저 서늘했다.

흔히 사람들은 말한다. 결혼식장은 부모의 후광이고 장례식장은 자식들 얼굴이라고. 자식 없는 젊은 사람의 빈소는 얼마나 처량한 쓸쓸함인가. 그가 그동안 얼마나 신산한 삶을 살았는지 알 것 같았다. 쓸쓸한 내면을 들키지 않으려고 그동안 그렇게 억지웃음을 웃고 다녔단 말인가. 빈집에 들어가기 싫어 모임이 끝나고도 노래방이나 술집으로 팔을 잡아끌었던 걸, 술 취하면 나오는 버릇쯤으로 여기고 뿌리치곤 하였다.

빈청에 앉은 사람들은 모두들 가슴이 헛헛한지, 외로운 그를 두고 차마 발걸음이 떨어지지 않는지 쉬 자리를 뜨지 못했다. 평소에 그는 뭐가 그리 바쁜지 사방팔방 다니지 않는 곳이 없어 보였다. 그걸 두고 오지랖이 넓다느니, 약방에 감초라느니 하며 가끔 빈정거리기도 했다. 그는 그동안 분주하게 사람 사이에 끈을 연결하고 정을 심고 다닌 모양이다. 뒤가 걸출하다는 건 그를 두고 하는 말인 듯했다.

그의 장례에 갔다가 온 날, 야채박스 안에는 공교롭게도 사과 한 개가 남아 있었다. 사과를 볼 때마다 그의 생각이 났다. 먹지도 버리지도 못하고 있는 사과의 수명이 그토록 긴 줄 몰랐다. 사과는 3년이나 냉장고 안에서 끄떡없이 버텼다. 마치 그가 다 살고 가지 못한 명줄을 붙들고 있는 듯했다.

그가 가던 해의 어느 봄날, 달이 무척 밝던 밤이었다. 늦은 시간임에도 불구하고 우리들은 의기투합하여 김해로 가는 경전철을 탔다. 그의 달콤한 수작에 넘어간 것이다. 밤의 경전철은 타는 순간 그대로 은하철도가 되어 우주로 간다는 것이다. 전철이 끊기기 전에 돌아오면 된다는 꼬드김에 모두가 우르르 우주선에 올랐다. 그가 말한 대로 강 건너 아파트 군락은 무수한 별빛으로 반짝이는 천체였다. 은하철도는 우리 일행을 우주로 갈 손님이 아니라고 여겼는지, 고대의 역사가 숨 쉬는 '수로왕릉' 앞에 떨어뜨리고 꼬리를 감추며 사라졌다.

달은 밝고 약간의 취기도 있겠다, 바람은 살랑거리겠다, 우리는 주춤주춤 제 그림자들을 밟으며 우주의 구석구석을 순례자처럼 훑고 다녔다. 능 주위의 잔디 사이로 드러나는 길을 걷고 또 걸었다. 걷다보니 일행들은 두어 명씩 흩어져

걷고 있었다. "조심하이소."를 연발하며 뒤를 따라오던 그가 생뚱맞게 한마디했다.

"누님! 올해 몇인교?"
"그건 와 묻노?"
"연애할라고요."
"지랄한다, 문~디 자슥."

뒤따라오던 누군가가 키득키득 웃었다. 웃음소리에 선잠 깬 바람이 밤이슬 머금은 풀잎들 사이를 지나갔다.

달 밝은 어느 날 밤, 사과를 꺼내서 밖으로 나갔다. 사람 놀리기 좋아하는 그의 낄낄대는 웃음소리가 들리는 듯했다. 사과는 무슨 일이냐는 듯 창백한 얼굴로 나를 쳐다봤다. 달빛을 받아 반짝이는 장독대 옆에 흙을 파고 사과를 묻었다.

그는 요즘도 얼치기 농사꾼 흉내를 내고 다니는지 궁금하다. 노래를 흥얼거리며 밀짚모자 눌러 쓰고 과수나무에 약을 치고, 지금쯤은 사과를 따고 있을지도 모르겠다. 오늘처럼 달이 밝은 밤이면 농막에 벌러덩 누워 별을 세고 있을까. 어디에 있던 그는 이리저리 바쁘게 잘 지낼 것이다. 다만 너무 외롭지는 않았으면 좋겠다.

2013년

어머니의 밭

 마을 앞 논벌에는 삯바느질로 장만한 어머니의 너머지기 논이 있었다. 유일한 우리 모녀의 재산이기도 했던 그 논은 어머니의 반려이자 신앙이었고 낙이었다.
 피 한 포기 보이지 않던 그 논배미의 벼들은 늘 손질한 머릿결처럼 간동하였다. 어머니의 매시로운 손끝은 논두렁의 풀 한 포기도 멋대로 자라도록 버려두지를 않았다.
 그런 어머니를 두고 마을 사람들은 수군거렸다. 저리 손끝이 여무니 팔자가 드센 것이라고. 마을 사람들치고 우리 텃밭의 채소를 뜯어가지 않은 이는 별로 없었다. 갑자기 손님이라도 와서 찬거리가 급해지면 우리 집으로 달려왔다.
 어머니의 손길 닿는 것은 무엇이나 잘 되었다. 씨앗만 뿌리면 잘 자랐고 푸짐하니 열매를 맺었다. 요즘도 더러 그렇게 하는 이가 있는지 알 수 없으나 어머니는 수시로 가지나무의 영 잎을 따냈다. 그리고 그 따 낸 잎사귀들을 사람들의 왕래가 많은 마을의 삼거리에 갖다 버리게 하였다.

장날마다 어머니는 푸성귀를 내다 팔았다. 새벽같이 일어나 그것들을 머리에 이고 시오리나 되는 길을 걸어갔다. 마치 자신에게 주어진 길이 그 길뿐인 듯. 어두운 새벽길을 걸어가면서 당신은 무슨 생각을 했을까. 어차피 혼자서 걸어가야 할 길이라면 부지런히 남 보기 초라하지 않게 열심히 살아갈 것이라고, 머리에 인 푸성귀의 무게보다 더 무거운 삶의 무게를 이겨 내느라 안간힘을 썼을지 모른다.

어머니를 개가시키려는 중매쟁이의 치맛자락이 밤마다 우리 문지방을 들락거렸던 것은 내 나이 예닐곱 살 때부터였다. 밤이면 어머니는 문고리를 걸고 자물통을 채웠다. 가끔 시커먼 그림자가 문고리를 흔들 때면 어머니는 나를 꼭 껴안고 자는 척했다.

그 해, 어머니는 기어이 밭 한 뙈기를 일구었다. 외가의 산에 밭을 일구어도 좋다는 허락이 있은 다음 어머니는 그 봄날 내내 그 산자락에서 살다시피 했다. 풀뿌리를 캐어내고 아까시 뿌리와 소나무의 자잘한 밑둥치를 파내는 일은 남자도 힘에 부칠 중노동이었다. 어머니는 억척스레 그 일에 매달렸다. 자신에게 뻗쳐오는 유혹의 가지들을 쳐내듯이 욕망의 뿌리를 캐어내듯 혼신의 힘을 다하였다.

드디어 붉은 속살을 드러내기 시작한 흙이 이불 두어 채 넓이만 한 밭뙈기가 되었다. 어머니의 모습은 물론, 하루 종일 봄볕에 앉아 흙장난으로, 그것도 시들해지면 엄마 치마자락을 붙잡고 칭얼대던 어린아이도 새까맣게 타기는 마찬가지였다.

어느 넓고 기름진 옥토가 어머니의 그 자드락밭만큼 소중하랴. 좋은 연장이 있었던 것도 아니고 순전히 여자의 땀과 손끝으로 일구어졌던 작은 밭뙈기. 그것은 밭이라기보다 흔들리는 마음을 붙들어 맬 질긴 끈을 찾아 헤맨 한 여인의 지난한 몸부림 장소였다.

어머니는 그 밭에 고구마를 심었다. 온 여름 내내 그 밭뙈기에 이고 지며 나른 뒷거름과 쫄랑거리며 물거름을 갖다 부었다. 그럼에도 불구하고 고구마 순은 속 시원히 덩굴 한 번 죽 뻗어보지 못한 채로 앙바틈하니 겨우 자리나 지키듯 자랐다. 워낙 풀뿌리만 자라던 척박했던 땅이라 그나마 뿌리내린 것도 고마운 일이긴 했다.

어쩌면 그때의 어머니의 삶이란 것이 그 고구마 줄기와 비슷한 형상을 하고 있지는 않았을까. 박토에 뿌리내리기 힘들었을 식물과 세상살이에 발붙이기 힘들었을 젊은 과수댁의 홀로서기. 그때 어머니가 겪었을 남모를 신역과 고통의 무게가 이즈음의 내 가슴에 아프게 실려 옴은 내 나이 이제야 세상살이에 문리가 트이는 불혹의 강기슭을 지나왔

어머니의 밭

기 때문인가 싶다.

　무서리가 서너 차례 몸 풀고 간 가을도 늦은 어느 날 드디어 고구마를 캐러 갔다. 첫 수확은 큰 부대에 담아야 이듬해 소출이 많이 나는 거라며 우리 모녀는 큰 소쿠리를 들고 산등성이를 넘었다.

　그러나 세상 밖으로 얼굴을 내민 고구마는 크고 탐스런 모습이 아니었다. 마음대로 뿌리를 뻗지 못하여 앙마칠 대로 앙마친 고구마는 탱자같이 자잘한 모양새를 하고 있었다. 빨갛다 못해 자줏빛으로 조롱조롱 매달린 고구마를 젖배 곯은 아기를 어루만지듯 안쓰럽게 바라보던 당신의 모습.

　모르긴 해도 그때 당신의 가슴 안에도 그런 앙마친 고구마 같은 게 자라고 있었는지 모른다. 다른 곳으로의 분출을 꿈꾸지 못한 욕망의 입자들이 한 덩어리가 되어 혹처럼 주렁주렁 매달려 있지는 않았을까.

　지금도 크고 작은 인연을 목숨처럼 소중히 생각하는 어머니. 인연의 고리를 끊지 못하여 평생을 외로움 속에 고독하게 살았던 여인.

　나는 요즘 내 안에 어머니의 밭 같은 그런 밭뙈기 한 자락 갖고 싶다. 아집의 뿌리를 캐내고 오만과 편견의 검불도 걷어내고 그곳에다 소망의 씨앗 하나 묻고 싶다. 그리하여 진정한 삶의 아름다움이 어떤 건지 또 그것은 어떤 모습으로 자라는지 눈여겨보며 살고 싶다.　　　　　1994년

그 겨울의 아침

 그물로 걸러낸 듯 투명한 햇살이다. 12월 햇살은 병을 앓고 난 수척한 여인의 낯빛 같다. 마당 가득 찾아든 햇살이 좋다. 참새 한 마리가 마당 귀퉁이에서 꽁지를 까딱거리며 제 그림자랑 장난을 치고 있다.
 한 장 남은 달력이 허공의 깃발처럼 내 안에서 펄러덕거린다. 쓸쓸함이 바람처럼 가슴 안에서 일었다가 사라진다. 연초에 꾸었던 알토란 같던 계획들은 역시 꿈이었다. 노란 귤이 주렁주렁 달리고 장미꽃에 고래등 같던 기와집은 어디 가고, 탱자와 찔레꽃과 지으려고 흉내내다 만 서까래 몇 개가 무참한 얼굴을 가리고 있다.
 한 해를 보내는 서운함을 달래려고 카드 몇 장을 샀다. 가까운 사람들을 떠올리며 이름을 쓴다. 갑자기 그 이름들이 낯설게 느껴진다. 괜한 짓을 한다는 생각에 머쓱한 기분이다. 그냥 가만히 있어야겠다. 좀 차분히 나를 생각하고 돌아봐야겠다. 카드 대신 그 얼굴들을 떠올리며 기도해야겠다. 사람들의 기도가 경건해지는 계절. 마음의 표면에도 물결이 있다면 지금 내 안은 가장 고요하다.

어제 햅쌀 두 포대와 고구마 한 자루가 배달되었다. 직장 다니랴, 농사지으랴, 교회의 맡은 일하랴, 늘 바쁘게 사는 오빠의 은혜로운 가을걷이가 이제야 끝났나 보다. 올 같이도 더웠던 여름에 땀으로 온몸을 적시며 지었을 농사. 저 귀한 알곡들을 이렇게 앉아서 받아먹다니. 나는 쌀자루를 풀어놓고 몇 번이고 쌀을 쥐었다가 쏟았다가 한다. 그러다가 나는 지금의 내 모습과 꼭 닮은 어떤 풍경 하나를 떠올린다. 기억의 자락들 속에는 따뜻한 햇살과 돌돌 흐르는 물소리가 있다. 골목길을 향하여 나를 부르는 엄마의 목소리가 들리고 감나무를 흔들고 지나가는 바람이 잡힐 듯하다. 보이기도 하고 들리기도 하고 잡힐 것 같기도 한 풍경 속으로 나는 주춤거리며 걸어간다.

해마다 가을이면 우리 집엔 쌀을 비롯한 갖가지 알곡들이 작은 방에 가득했다. 논 두 자락과 작은 밭 하나를 덕이 아재에게 거두게 하고, K시로 이사를 한 이듬해부터 그것들은 해마다 우리의 일용할 양식이 되었다. 우리한테 다 주고 뭐 남는 게 있냐고 할 때마다 아재는, 내 한 입 먹고 살기에는 아무런 걱정이 없다며 그 순한 웃음을 짓곤 했다. 그뿐인가, 장날마다 갖가지 푸성귀를 날랐다. 그 속에 애호박도 있었고 살진 도라지 뿌리도 있었고 가끔은 머루나 산딸기 같은 것도 뽕잎이나 호박잎에 싸여 대문간에 놓여 있었다.

아재는 가족이 없었다. 그야말로 사고무친의 사람을 외할아버지께서 어릴 때부터 거두셨다고 한다. 꼴머슴을 거쳐 중머슴, 상머슴이 되고 한 마당에서 같이 나이를 먹어간 어머니가 시집을 갔다가, 청상과부가 되어 친정으로 돌아왔을 때도 아재는 여전히 할아버지 댁의 머슴이었다. 아재는 나를 예뻐했다. 뭐든지 내가 해달라는 건 다 해주었다. 어린 나이에도 아재는 외가에서 막 부리는 사람이란 걸 알았던지 나도 그를 막 대했던 것 같다.

가끔 아재는 양지바른 곳에 짚단을 깔고 앉아서 내 머리를 빗겨주었다. 어쩌다 엄마한테 혼이 나서 훌쩍거릴 때도 나를 달래주고 눈물을 닦아주는 사람은 늘 아재였다. 홍시도 따주고 잠자리도 잡아주고 나뭇단에 묻어온 들꽃을 내게 안겨 주기도 했던 아재.

외가에서 좀 떨어진 마을 끝자락에 어머니가 집을 장만했다. 방 두 개에 마루가 있고 정지 한 칸이 달린 집이었다. 담도 없는 집은 마당이 넓었다. 마당 끝에 허드레 우물이 있었는데 비만 오면 두레박 없이도 물을 펄 수 있었다. 어머니는 마당을 조금만 남겨두고 나머지는 텃밭을 만들어 갖가지 채소를 심었다. 채소는 우리가 먹고 남을 만치 풍성했지만 땔감은 늘 부족했다.

 엄마는 산으로 나무를 하러 가곤 했다. 철없는 나는 나무하러 가는 엄마 뒤를 졸졸 따라가다가 늘 혼이 났다. 산을 두 개나 넘어가서 나무를 해오는 일은 남자들도 버거운 일이었다.

 어느 저녁나절, 아재가 나무를 한 짐 해서 우리 집 뒤란으로 돌아갔다. 한참 만에 머리에 붙은 검불을 털어내며 아재가 나뭇단을 정리하고 나왔다. 그리곤 아궁이에 불을 때고 있는 어머니께 말했다.

 "나무는 내가 해서 대 줄 테니 제발 험한 산에는 가지 마시오."

 그때 어머니는 그러다가 할아버지 눈 밖에 나면 쫓겨난다고 제발 그런 짓 하지 말라고 당부를 했다.

 외풍이 심한 우리 방은 새벽이면 입김이 하얗게 나왔다. 윗목에 둔 걸레가 꽁꽁 얼었다. 땔감을 너무 아꼈기 때문에 늘 추웠다. 어머니가 몸살이 난 어느 날이었다. 새벽이면 온기 하나 없던 방이 그날 새벽은 너무 따뜻해서 자꾸만 아랫목으로 기어들었다. 옹송그리고 자던 어머니도 땀에 젖어 일어났다.

 정지에 나가보니 군불이 타고 있었다. 마당엔 밤새 눈이 와서 하얗게 쌓여 있고 그날 아침 솥 안에 가득 데워진 물은 나를 감격하게 했다. 세수를 하고 머리를 감았다. 어머니도 앓은 사람 같지 않게 일어나 세수를 하고 걸레를 빨아 방을 닦았다. 그 겨울의 아침만큼 내게 넉넉함과 따뜻함을 사람의 마음 씀에서 느낀 적이 흔치 않다. 사람 사이의 관계에서 말없이 살펴 편하게 해주는 것 이상의 마음 씀씀이만큼 고마운 것이 어디 있을까.

주인아씨를 향한 덕이 아재의 사랑은 뭉근한 군불 같은 거였다. 무엇이 필요한지 무엇이 아쉬운지를 살펴 말하기 전에 다 챙겨놓았다. 어머니는 아재 마음을 눈치 채고 있었을까. 어머니는 아재에게 늘 하대를 했다. 아재는 그것이 당연한 듯 어머니 앞에서 고개를 숙였고 눈을 깔았고 등을 수그렸다.

쌀값이 오르면 할아버지는 달구지 두 대에 잔뜩 나락을 실어 시내의 정미소로 내갔다. 그때마다 어머니를 딸려 보냈다. 나락 판 돈을 전대에 차고 돌아올 때에도 어머니는 달구지를 타지 않고 타박타박 시오릿길을 걸어왔다. 남의 이목을 두려워해 늘 남이 뭐라 할까 조심해야 했던 젊은 청상의 삶은 늘 사람들의 관심사였다.

몇 해 전에 아재가 죽었다. 한 해가 다 저물어 가던 12월 어느 날이었다. 따뜻한 가정 한번 꾸려보지 못하고 욕심 없이 묵묵히 살다가 하늘나라로 갔다. 장례를 치르던 날은 빈 가지만 남은 나무도, 빈 겨울 들녘도 아재의 빈집을 돌아 나오는 내 마음도 그지없이 평온했다. 그날 나는 자꾸만 하늘을 봤다. 어머니 앞에서 주책없이 나오려는 눈물을 감추려고 더 그랬던 것 같다.

　아재가 마지막으로 지어서 보낸 쌀자루 앞에서 어머니는 말씀이 없으셨다. 쌀을 쥐었다 놓았다만 하셨다. 이제 누가 있어 이처럼 알뜰히 챙겨줄까. 아재가 있어 어머니는 없는 듯 그 땅을 갖고 계셨고 아재도 그랬을 것이다. 그것은 그냥 땅이 아니라 주인아씨였을지도. 어루고 달래고 만져 볼 수 있는 아재만의 사랑이었을 수도. 알곡들을 갈무리하여 아씨 앞에 가져다 놓았을 때 반색을 하며 좋아하는 아씨의 표정 때문에 한 해의 노고도 마다하지 않았을지 모른다.

　오빠가 보내 준 쌀자루를 풀었다가 여며 놓고 고구마 자루를 풀었다. 자루 안에 또 무언가가 들어있다. 두어 되나 됨직한 까만 콩이다. 밥에 넣어 먹으면 맛있겠다. 고구마도 참 맛있게 생겼다. 아재는 쇠죽 끓이고 난 아궁이에다 곧잘 고구마를 묻어놓곤 했다. 묻어 두는 건 아재고, 보물찾기하듯 찾아서 먹는 건 나였다.

　아궁이에 묻어둔 고구마 같은 것이 먹고 싶다. 자기 것은 챙기지 않고 늘 남의 것만 챙기던 덕이 아재 같은 사람을 만나고 싶다. 사람이 그리워지는 계절이다. 따뜻하니 군불 땐 아랫목이 생각나는 그런 날이다.

2004년

기다리는 여자

 삼거리 주막의 주모는 밤마다 여자를 찾아왔다. 아이는 자는 척하며 그네들의 소곤거리는 말소리에 귀를 세웠다. 주모는 여자더러 팔자를 고치라고 다그쳤다. 청춘이 구만리 같은데 뭣 때문에 혼자 살 거냐며 꼬드겼다.
 아이는 밤마다 여자의 치마끈을 꼭 잡고 잠이 들었다. 주막집 여자는 아이만 보면 거추장스런 물건 보듯 얼굴을 찡그리며 혀를 찼다. 예닐곱 살의 아이에게 주모는 호랑이보다 더 무서웠다. 달빛이 환한 밤이면 음흉스런 고양이처럼 찾아와 방문 고리를 흔들었다. 그림자에 놀란 아이는 여자의 가슴 속으로 파고들었고, 그녀는 숨을 죽인 채 아이를 안고 잠든 척했다. 그런 밤은 뒤란 대숲을 스쳐가는 바람도, 마당에 뒹구는 나뭇잎 소리도 청상의 가슴에 서러움을 더했다.

여자는 두 얼굴을 가졌다. 차가운가 하면 뜨거웠고 조용한가 하면 사나웠다. 조신하니 바느질을 하다가도 미친 듯 산으로 내달렸다. 그때마다 여자의 치마 꼬리에서 알짱거리는 딸. 꿈결처럼 스쳐간 사랑의 흔적이다. 딸에 대한 애정은 병적일 만큼 각별해서 진저리를 치며 예뻐하는가 하면 오금을 박으며 저주하기도 했다. 여자에게 아이는 애정이자 갈등이었다. 삶을 지탱해주는 버팀목이자 굴레이기도 했다.

 가슴 속에서 훨훨 불이 나면 여자는 산으로 갔다. 짓눌린 등짐 같은 지게를 내려놓고 바위에 걸터앉아 노래를 불렀다. 처음엔 정신을 놓은 것처럼 흥얼거리다가 나중엔 설움에 겨워 작대기로 바위를 두드리며 목멘 소리를 질렀다. 청승맞은 노랫소리는 애조를 띠고 골짜기로 퍼져나갔다. 그녀가 노래를 부르는 동안 아이는 가시에 찔려가며 빨간 망개 열매를 꺾어다 그녀 앞에 놓았다. 왠지 그녀가 불쌍하고 자신의 존재가 크게 잘못된 것 같아서였다.

 사람들은 그녀를 초년과부라 했다. 어떤 이들은 전쟁미망인이라고 했다. 전쟁은 한 여자의 삶을 송두리째 앗아가 버렸다. 전쟁은 오래전에 끝났지만 여자에겐 아직 끝나지 않았다. 그녀에겐 장래를 약속한 남편이 돌아와야 종전終戰인 것이다.

먼 산만 보아도 두 눈에 눈물 그렁한 여자. 남편의 얼굴만 떠올려도 가슴 먹먹한 여자. 한없이 나약하지만 질경이처럼 강인한 여자. 질풍노도의 삶을 고스란히 몸으로 받아낸 여자.

그런 여자를 엄마로 둔 내 유년은 늘 새가슴처럼 팔딱거렸다. 엄마는 산에 가서 땔나무를 하고, 산등성이에 올라 먼 신작로를 바라보며 아버지를 기다렸다. 추운 겨울 날, 눈비에 젖는 줄도 모르고 산길을 헤매는 엄마 뒤를 가쁜 숨 헐떡이며 따라가 치맛자락에 매달리면, 북받치는 슬픔은 산속에도 길섶에도 숨어 있다가 어둠처럼 모녀를 덮치고는 했다.

젊디젊은 과수댁에게 자식은 무엇이었을까. "저 아이 없인 못 살아요." 하다가도 "저 아인 자식이 아니라 웬수예요." 하던 가슴 속 갈등. 흔들리는 마음을 다잡으려고 밤늦도록 바느질을 하고, 시집가는 처녀들의 베갯모에 수를 놓아주던 심정을 어찌 어린 내가 헤아릴 수 있었으랴.

외할아버지는 밤마다 우리 집을 한바퀴 돌았다. 홀로 된 딸을 지키는 것이 무슨 큰 의무나 되는 것처럼 기다란 작대기를 들고 야경꾼 노릇을 하였다. "어험." 하는 기침소리는 마치 아무도 내 딸을 넘보지도 얼씬거리지도 말라는 엄포 같았다. 눈이 오나 비가 오나 하룻밤도 거르지 않았다. 사람은 길들여지게 마련인 듯 여자는 야경꾼이 지나가야만

깊이 잠들 수 있었다. 모든 것은 시대를 잘못 만난 때문이요, 박복한 팔자 탓이라 여겼다. 청상이 무슨 죄인이기나 한 것처럼 보이지 않는 감옥살이로 젊은 날을 보냈다.

숱한 유혹에도 굴복하지 않은 여자. 수절을 효孝로 생각한 바보 같은 여자. 애면글면 키운 자식을 시집보내며 펑펑 울어버린 여자. 마흔다섯의 나이에 장모가 된 여자.

엄마는 손자가 태어날 날을 기다렸다. 소창지 두 필을 사서 기저귀를 만들었다. 아기의 배냇저고리를 만들면서 홀로 미소 지었다. 내가 이리 행복해도 되는 건가, 처음으로 맘 놓고 웃다가 잠들었다. 손자를 가슴에 안던 날 뜨거운 불덩어리 같은 것이 가슴 속에서 울컥 올라왔다. 하루에도 수없이 아기의 사타구니를 쓰다듬었다. 새근새근 잠든 아기를 바라보며 온갖 근심을 다 날려 보냈다.

이제는 여든도 넘은 어머니. 지아비의 정도 모른 채 외롭게 살아온 삶을 생각하면 가슴이 미어진다. 꽃다운 나이에 홀로 딸을 키우며 험한 세상 살아내기가 얼마나 힘들었을지 이만큼 살아보니 깨닫게 된다. 외로움이 뼛속까지 사무쳤던 엄마는 딸이 자식을 많이 낳길 원했다.

그 시절에 야만인 소리를 들어가며 삼남매를 낳았다. 낳기만 했을 뿐 나는 바쁘다는 핑계로 아이들에게 건성이었다. 어쩌면 엄마를 믿고 짐짓 아이들을 맡겼던 것 같기도 하다. 엄마는 손자손녀에게 그지없이 살갑고 후덕한 할머니였다. 늘 '내 새끼'를 입에 달고 살았다. 그때만은 행복해 보였다. 그런 줄만 알았다. 가슴 안에 한 남자를 향한 그리움의 웅덩이가 늘 허전한 바람소리를 내고 있는 줄 몰랐다. 마른 세월을 보내는 동안 '내 새끼'가 자라서 장가를 가고 또 새끼를 낳았다. 어느새 그녀는 증조할머니가 되어버렸다.

역사는 나라에만 존재할까. 한 여자의 굴곡진 인생사는 역사의 뒤안길에 남겨진 넋두리일 뿐일까. 주권 잃은 나라에서 태어나 유년기를 보내고, 곤궁한 시대를 살다가 해방을 맞고, 조혼의 풍습에 따라 시집을 갔다. 신혼의 단꿈에서 깨기도 전에 전쟁이 일어났고, 신랑은 나라의 부름에 전쟁터로 갔다. 그리고 60년의 세월이 흐른 지금까지 돌아오지 않고 있다.

> 눈물이 강을 이루다 강물처럼 깊어진 여자. 평생을 한 남자만 그리워하다가, 이제는 그 남자에게로 가고 싶은 늙은 여자.

며칠 전, 보건소에 가서 시료채취를 하고 왔다. 입 안의 침 한 방울이면 되는 것을 그동안 미뤄온 것이 후회가 되었다. 〈태극기 휘날리며〉라는 영화가 있었다. 첫 장면에 국군 유해 발굴현장을 보여준다. 그때부터 늘 머릿속에 아버지의 유해를 찾을 수 있지 않을까 하는 생각을 했다. 이제 어머니는 연세가 많다. 요즘 와서 병원을 들락거리는 일이 잦다. 더 이상 미룰 일이 아니라는 생각이 들었다. 어머니 생전에 아버지의 유골을 찾는다면 한 여자의 지난한 기다림도 끝나지 않겠는가.

기다림은 가슴 안에 나이테를 만든다. 그것은 매일 자라는 손톱 같은 것이어서 아무리 깎아내도 또 자란다. 어머니의 가슴 속은 누군가를 향한 분노와 원망, 그리움, 갈등, 욕망 같은 것이 켜켜이 지층이 되어 있으리라. 그녀가 말하는 무심한 세월은 가슴 안에 바다라도 만들었는지 요즘은 도무지 속내를 보이지 않는다. 자식 하나 때문에 모든 걸 희생한, 그런 어머니가 있어 나는 외롭지 않았고, 힘들 때면 기대었고, 비바람 칠 땐 등 뒤에 숨을 수 있었다. 가없는 바다 같은 어머니. 그 바다가 요즘 앓고 있다.

오늘도 국군 유해 발굴은 진행되고 있을 것이다. 그 작업은 앞으로 점점 더 비무장 지대로 북녘 땅으로 넓혀갈 것이다. 60여 년 전 어느 산하에 외로이 묻혔을 내 아버지의 뼛조각이 햇빛을 볼 수 있기를, 자식의 침 한 방울로 아버지를 찾는 기적이 일어나기를, 한 여자의 기다림이 이승에서 끝이 나기를, 나는 기다리고 있다.

2013년

단골도 나이를 먹는다

 가끔 내려야 할 곳에서 내리고 싶지 않을 때가 있다. 집에 들어가기 싫은 반항기 아이처럼 괜히 밖으로 실실 도는 날이 있다. 그런 날은 그냥 갈 때까지 가본다. 그래봐야 기껏 종점까지이긴 하지만.
 분주히 지하철을 타고 내리는 사람들을 보면서 마음이 정해질 때도 있다. 꼭 해야 할 일이 생각나서 바빠지거나 그냥 엉뚱한 곳으로 가버리거나. 가고 싶은 곳이 있는 날은 마음이 헤매지 않아서 좋다. 문제는 늘 어정쩡한 마음이다. 며칠씩 집을 비우려고 작정한다면야 갈 곳이 왜 없을까. 갈 곳은 하고 싶은 일 속에 포함될 때가 많다. 생각하면 하고 싶은 일이 참 많을 것 같은데 꼽아보라면 별로 없다. 생각도 꿈도 자꾸 오그라지기만 하는 것이 요즘 내 마음은 오가리 낀 나뭇잎 같다.

 꿈도 없어지고 생각하는 것도 귀찮고 포기는 엄청 빠른 나를 보며 실소한다. 마음이 가는 곳으로 몸이 따라가다가 생경한 곳에서 뜻밖의 풍경과 맞닥뜨릴 때가 있다. 집 앞에 지하철 3호선이 생기면서 집값이나 오를라나 기대한 것보다, 한 번만 전철을 타면 바다든 강이든 데려다 주는 것이 얼마나 좋은지 모를 일이다. 그래서일까 엉뚱한 걸음을 더러 한다.

 구포역의 개찰구를 나오면 바다 같은 강물이 눈 앞 가득 펼쳐진다. 강물과 그 너머 하얀 비닐하우스 지붕들이 햇빛에 반짝이는 풍경을 바라보면 가슴이 따뜻해진다. 먼 고향집이 그곳 어디쯤에 있는 듯하고 볕살 따스한 마루가 나를 기다리고 있을 것 같기도 하다. 찰랑거리는 강물에 시선을 오래 주고 있으면 내가 강물이 되어 흘러가는 것 같다. 바람 부는 대로 물결이 이끄는 대로 흘러가면 어디에 닿을까. 넘실대는 물결 위로 노을빛이 번질 때까지 정신 놓은 여자처럼 있어본 날은 먼 여행의 뒤끝에 찾아오는 가벼운 몸살 같은 피로에 어깨가 뻐근하기도 하다.

 구포는 큰 시장市場과 오래된 역驛이 있다. 마음이 한가로운 날 구포는 갈등의 장소가 된다. 장을 볼까? 기차를 탈까? 일상을 미루고 기차를 타는 것은 쉽지 않다. 기차를 타고 두어 시간만 가면 당신이 있다. 그런데도 그 걸음이 잦지 않다. 다음다음으로 미루다가 후회와 부딪히고 다음에는 하고 다짐을 하다가 한 해가 가버린다.

생선 만지는 일을 30년 했다는 마산아줌마는 3호선이 생긴 이후에 생긴 단골가게다. 내가 나이가 들어가니 단골들의 나이도 나와 비슷해진다. 삼십 대, 내 젊은 날의 단골집들은 시장에서도 다 젊은 새댁이거나 면도 자국 선명한 남정네들이었다. 그런데 요즘 내가 가는 가게의 주인들은 모두 나 정도의 나이 먹은 사람들이다. 약국의 약사나, 식육점 아주머니, 야채가게 주인들이 나와 함께 늙수그레하니 늙어간다. 단골들이 비슷한 연배로 바뀌어가는 것은 그 나이가 갖는 공동의 화제와 편안함 때문인 것 같다.

장가든 아들은 잘살지요? 손자 돌은 잘 치렀소? 요즘 금값이 비싸대요. 그런 이야기들을 서로 주고받으며 내 얘기하고 상대방 이야기 들어주고 돌아서면 아무런 걸림이나 찌꺼기도 남지 않는 관계가 단골들이다. 마산댁 앞에서 발걸음을 멈춘다. 아귀의 입을 도려내는 칼끝을 바라본다. 아니 칼을 잡은 손을 본다. 두 손의 검지에 이중 삼중으로 붙인 밴드가 물에 젖어 피부인지 뭔지 분간이 안 간다. 물에 불은 채로, 물마를 새 없는 저 손으로 삼남매 대학 공부시키고 딸 시집보냈다고 했다. 남은 두 아이 혼인시키면 그땐 시장바닥을 떠나겠다고 했다. 손놀림이 신기에 가깝다. 어느 한 가지 일을 저렇게 오래하면 도道를 통하나 보다. 솜씨 아까워 쉴 수나 있겠수? 그렇다고 한 평도 안 되는 이 자리에서 죽을 순 없잖우. 자식들 집에도 가보고 손자놈들 업어도 주고 그래야지. 나는 마산댁이 어서 그 자리를 떠나 따뜻한 집에서 두 다리 쭉 뻗고 살 수 있었으면 한다. 어쩌면 그것은 나이 들어가는 모든 세상 어머니들의 소망이기도 하다. 조개의 입을 숟가락으로 벌리고 속을 훑어 낸다. 어찌나 빠른지 빈손으로도 흉내를 못 내겠다. 마산댁이 잇몸을 드러내고 환하게 웃는다. 나는 저 웃음이 좋다. 뒤끝 없는 저 수수한 미소가 마음을 편하게 한다. 구포장에 오면 늘 그녀 앞에서 발걸음을 멈추어 보는 것이다.

지난번 딸 선본다더니 잘되어 가요? 말도 마소. 키 작다고 실타요. 누구 키가 작아서? 남자 키가 작더래요. 우리 아들도 키가 안 큰데 큰일 났네. 그래 놓고 그녀와 나는 큰 소리로 웃는다. 아직 인연이 안 나타난 갑소. 곧 좋은 자리가 나서겠지요. 내가 아들의 혼사로 걱정할 때마다 듣곤 하는 얘기를 나는 또 그녀에게 말해주고 시장을 나온다.

사는 게 별건가. 오늘 저녁엔 봄나물에 조갯살 넣어 맛있게 국이나 끓여먹자. 갑자기 발걸음이 빨라진다. 집으로 가는 길은 늘 절실한 그 무엇이다.

사직역驛은 우리 동네 역이다. 내가 태어나서 가장 오래 살고 있는 곳이 이곳이다. 여기서 신혼의 둥지를 틀었고 아이들을 키웠고 이제는 낡은 건물처럼 나이 들어간다. 사직

골을 내려다보고 있는 쇠미산은 정수기가 없던 시절 약수를 뜨러 다니던 곳이고 야구장 앞의 큰 주차장은 우리 아이들이 자전거를 타며 놀던 공간이다. 실내 수영장, 축구장, 영화관, 대형마트, 없는 게 없다.

  3호선 공사가 한창일 때 재개발을 한다고 야단이었다. 협조문을 돌리고 동의서를 받으러 다니는 사람들이 분주했다. 거래도 이루어지지 않던 곳이 평당 얼마니 하며 사람 간을 부풀게 하더니 요즘은 쏙 들어가고 아무 말이 없다. 한곳에 자리 잡으면 떠날 줄 모르는 엉덩이 무거운 나는, 그동안 많은 사람들이 지역 발전에 발맞추어 큰돈을 만지고 부자가 되는 동안 아이들이 큰 것 외엔 달라진 게 없는 살림살이다.

2005년

나는 콜택시

 가방 안에서 핸드폰이 부르르 떤다. 단골손님이 부르는 문자다. 오늘은 또 무슨 일인가. 요즘 내 직업은 콜택시다.
 내가 우리 딸들만 하던 때, 걸핏하면 엄마를 불렀다. 좋은 일에는 부르지 않고 급하고 다급할 때만 찾았다. 아이가 아파도, 큰 이불빨래가 있어도, 김장 김치를 해야 할 때도, 심지어는 부부싸움 뒤에도 엄마를 찾았다.
 엄마는 호출신호가 떨어지기 무섭게 기차를 타고 득달같이 달려오셨다. 철없던 나는 엄마 얼굴만 봐도 옥죈 가슴이 스르르 풀렸다. 어렵고 힘든 일도 다 해결되었다. 콜택시가 없던 그 시절, 이미 엄마는 내게 콜택시였고 해결사였다.
 이제 나는 엄마를 부르지 않는다. 콜택시의 기능을 잃은 지 오래이기 때문이다. 시동도 걸리지 않고 차체가 다 삭아

주저앉기 직전이다. 콜택시는 속력이다. 원하는 시간에 가고자 하는 장소로 전력 질주한다. 그런데 내 콜택시는 시속 10킬로도 되지 않는다.

역할이 바뀐 지 제법 되었다. 나는 한 달에 두어 번 기차를 타고, 꿈쩍 않는 내 콜택시를 보러 간다. 고물이 되어버린 콜택시를 마주하면 만감이 교차한다. 겉은 멀쩡해 보이지만 속은 다 삭았다. 오로지 그대로인 것은 엄마라는 온기. 그 어떤 온기가 나를 이토록 따뜻하게 데워준단 말인가.

어느덧 나도 친정엄마 십 년차다. 출가한 두 딸은 군소리 없이 잘살고 있다. 삼남매가 모두 서울에서 살다보니 그동안 손자손녀 봐 줄 일이 없었다. 그런 나를 두고 친구들은 복이 터졌다고 한다. 그런데 큰딸이 부산으로 이사를 왔다. 작은애가 어린이집 다닐 만큼 컸으니 손이 갈 일은 별로 없다.

그런데 요즘 큰딸은 이런 저런 이유를 대며 나를 부른다. 모임에 아이를 데려갈 수 없을 때나, 아이가 아플 때, 때론 다 기어들어가는 목소리로 아프다고 엄살을 떤다. 그럴 때마다 나는 예전에 어머니가 내게로 달려왔듯이, 눈썹을 휘날리며 딸집으로 간다. 마치 출동명령을 기다리고나 있었던 듯, 부르면 달려가는 콜택시가 된 것이다.

지난봄엔 장거리 손님이 생겼다. 다섯 살, 네 살, 연년생 아이들을 키우고 있는 막내딸은 좀처럼 내게 도움을 요청하지 않는다. 그런 딸의 모처럼 부탁을 거절할 수는 없는 일이다. 딸은 그즈음 자격증을 딴다고 공부하는 중이었고, 실습이 걸려 있었다. 한 주간에 두 아이의 유치원 접수며 추첨이 몰려있어 도저히 시간을 맞출 수가 없단다. 일주일쯤 함께 지내다보면 손녀들과도 친숙해지는 '좋은 기회'가 될 거라며 생색까지 낸다. 망설임 없이 기차를 탔다. 내 뒤통수에 대고 남편이 언제 올 거냐고 물었다. 어물쩍하니 손만 흔들고 기차에 냉큼 올라탔다.

요즘은 유치원 입학도 치열한 경쟁을 한다. 특히 시립이나 공립 유치원은 더하다. 오전에 작은손녀의 유치원 접수를 하고, 오후에는 큰아이의 추첨장에 갔다. 30명을 뽑는데 의자에 붙은 번호표를 보니 300개가 넘는다. 뽑는 방식이 아주 간단했다. 유치원 운영위원이 공 하나를 먼저 뽑았다. 뽑힌 엄마가 다음 번호를 뽑는 방식으로 진행되었다. 대기 번호까지 다 불렀지만 꽝이다. 내 잘못도 아닌데 기분이 영 찜찜하니 밥맛이 없었다.

항간에 친정 엄마는 딸 집 싱크대 앞에서 죽는다는 말이 있다. 딸은 일어나자마자 씻고 나가기 바쁘다. 두 아이를 식탁에 앉히고 밥 먹이는데 진이 다 빠진다. 사위가 아이들을 어린이집에 데려다 주고 출근을 한다. 모두 나가고 없는 집에 아이들 핑계를 대며 티브이까지 치워 놓고 없으니 할 일이 없다.

　냉장고 안을 치워주기로 했다. 어떤 티브이 프로에서 연예인의 냉장고를 옮겨와, 그 안의 재료들로 요리를 하는 걸 봤다. 백만 원이 넘는 식재료가 냉장고 안에서 나온 적도 있었다. 딸의 냉장고 안도 다를 게 없었다. 돌덩이 같은 떡들도 여러 뭉치고, 생선이며 육류도 얼마간 사지 않아도 될 듯했다.

　이런 걸 좋은 세상이라고 해야 할까. 주부가 밥 짓고 국 끓이고 반찬 만드는 것은 당연한 일이다. 그런데 그 당연한 일을 이 집의 주부는 하지 않았다. 아침이면 현관 앞에 국과 반찬 서너 가지가 배달되었다. 내가 어이없어하자 주부의 변명이 그럴싸하다. 가장은 늘 밖에서 먹고, 아이들 위주로 만들다보니 버리는 게 더 많다. 차라리 골고루 배달시켜 먹는 게 더 경제적이다. 이런 주부가 내 며느리가 아니어서 얼마나 다행인가. 엄마가 무슨 생각을 하는지도 모르고 딸은 반박하지 않는 어미가 자신을 이해했다고 믿는지 생글거리기까지 한다.

　" 내가 있을 동안이라도 시키지 마라."

　"…."

　먹어치운다는 말은 어떤 면에선 개운하다. 버리지는 못하고 처치는 곤란한 걸 누군가 해결해준다면 말이다. 이렇게 살면서도 힘들다고 하는 게 말이 되냐. 조금씩 사서 요리를 해봐야 음식 솜씨도 느는 거다. 돌아오는 대답이 어이 없다. "누가 애들 좀 키워줬으면 좋겠어."

집에 오니 남편이 안하던 잔소리를 한다. "늙은 남편 팽개치고 딸년 집에 한 번만 더 가봐라." 하고 눈썹을 치켜뜬다. 당분간 장거리 손님은 사절해야 할 것 같다

바람이 잔다

 가슴이 스산하다. 해가 바뀐 지도 한참인데 일손이 잡히질 않는다. 내 나이가 올해 몇이더라. 그동안 난 왜 이렇게 살았지. 멀뚱하니 창밖을 바라본다. 찬바람 속에서도 동백은 붉게 꽃을 피웠다. 나뭇가지를 흔들던 바람은 잠이 들었는지 고요하다.
 긴 겨울밤 뒤란 대숲에선 밤새도록 바람이 불었다. 앞산을 넘어온 바람이 버드나무 가지에 걸려 울부짖는 소리, 빨랫줄의 탄력 있는 윙윙거림, 바지랑대가 넘어지는 둔탁함, 양은대야가 날아가는 요란스러움, 그리고 마당 귀퉁이에 세워놓은 빗자루며 작대기들이 넘어지거나 구르면서 내는 소리. 그러다 밖이 잠잠해지면 어머닌 가만히 속삭이곤 하셨다. "바람이 자는 갑다." 그 밤 나는 바람이 잠들 만한 곳을 생각했다. 마루 밑일까. 광 속일까. 아니면 짚단 속일까. 누가 바람을 잠재우고 깨우는지 궁금했다.

바람을 본 것은 보리밭이었다. 보리밭 두렁에 서면 바람이 보였다. 바람은 보리이랑을 사뿐사뿐 밟고 가기도 하고 파도처럼 주르르 밀려왔다가 넘실거리며 달아나기도 했다. 바람개비 날개 안에서 파르르 소리 지르던 골목길의 바람, 노란 초가지붕 위를 감실거리다가 탱자나무 울타리를 빠져나가던 그 바람들은 지금도 눈 감으면 보인다.

스물셋. 무청같이 시퍼렇던 나이에 한 남자를 만났다. 어느 날 아침, 찬물에 머리를 감는 내 등 뒤에서 어머니가 말했다. "너 바람났니? 이 추운데 찬물에 머릴 감아?" 직감이란 그런 걸까. 자식의 행동 하나도 그냥 넘기지 않고 작은 변화도 알아채는 어머니의 매서운 눈썰미 앞에서 무엇을 감출 수 있으랴. 다른 사람에겐 보이지 않을 것이라 생각했던 내 안의 바람. 바람처럼 가벼운 것도 묘한 것도 없어라. 발도 없고 눈도 없으면서 멀리도 가는 소문의 바람. 누구누구 바람났대. 간지럽도록 비밀스런 바람이란 말이 갖는 여운. 은밀히 귀엣말로 속삭여 호기심과 궁금증을 불러일으키는 수수께끼 같은 바람.

그때 그 나이의 바람은 바람이 아니었다. 그것은 사랑이라는 이름의 불꽃이었고 설렘이었고 가슴 떨리는 두려움이었다. 내가 바람이 난 것은 마흔의 고개턱에서였다. 마음을 다잡으며 다독거리고 눌러도 가슴 안에서 바람이 일었다. 바람은 방향을 알 수 없는 곳에서 끝없이 일어나 쉴 사이 없이 불어댔다. 솔가지를 흔드는 봄날의 바람같이 부드러운가 하면, 먹구름을 잔뜩 껴안고 미친 듯 부는 폭풍도 있었다. 낙엽 위에 추적추적 내리는 빗줄기 같은 젖은 바람이 가슴을 쓸고 지나갈 땐 부르르 몸이 떨렸다. 무언가에 열중하여 푹 빠지면 바람을 잠재울 수 있을까. 무섭고 두려운 감당하기 힘든 내 안의 바람이여.

무언가에 빠지는 것은 그 일에 정신없이 미치는 것일까. 한 가지 일에 열심히 빠져드는 사람은 행복해 보인다. 그런 사람은 남을 의식하지 않는다. 오직 그 일에 매달림으로 해서 얻는 희열과 자기도취 그것이면 족하다. 그 대상이 어쩌다 사람일 때, 말 많은 사람들의 입에 오르내리기도 하지만 낚시나, 등산, 수석, 야구나 축구 같은 운동경기일 때도 있다.

내 남자는 술을 너무 좋아해서 술이 없는 세상은 살맛이 없다고 한다. 나는 일찌감치 남편을 술에게 내주고 살았다. 아이들이 고만고만할 땐 자신을 돌아볼 겨를도 남편을 붙잡고 뭐라고 할 짬도 없었다. 어쩌면 누구에게 무엇을 빼앗긴지도 모르고 산 때가 차라리 좋았다. 어느 날 문득 낯선 손님처럼 찾아온 외로움과 맞닥뜨렸을 때의 낭패감과 무력함이라니.

누구에게나 중년은 어떤 갈등 같은 걸 겪는 시기다. 사는 것이 답답하고 속 시원히 속말을 하고 싶고 이렇게 살아 무엇

하지 하는 회의가 가위처럼 눌리는 중년. 알 수 없는 초조함과 불안은 가슴을 두근거리게 하고, 정체를 알 수 없는 바람이 잔물결처럼 수시로 이는가 하면 불순한 욕망은 파도가 되어 가슴을 친다.

나는 내 안의 갈등을 잠재우기 위해 어떤 일에 매달렸다. 열심히 사랑하고 운명처럼 그 일을 받아들였다. 누가 나를 향해 손가락질을 한 대도 두렵지 않을 만큼 정신없이. 온전히 어떤 일에, 누군가에게, 무엇인가에 미치는 것처럼 행복한 일이 있을까. 설혹 그 행복감이 길지 않다고 해도 한순간의 환희와 뜨거움이 긴 시간 고통 속에 자신을 빠트린다 해도 무엇을 후회하리.

그토록 끈질기게 나를 흔들어놓던 바람도 이제는 고요하다. 가만히 엎드려 내 곁을 지나가는 것들의 발걸음 소리를 듣는다. 뚝딱뚝딱 나를 힐끔거리며 흘러가는 시간의 소리. 어느 순간 내 모두를 걸고 사랑했던 것들의 다정한 눈빛도 지는 노을처럼 스러져간다. 거친 물살도 파도도 물굽이도 가라앉은 내 안의 텅 빈 바다.

가만히 어디쯤에서 바람이 일어날 기미가 없을까 기다려본다. 억지로 잠재우려 했던 그 바람을 이제는 다시 내 안으로 불러들이고 싶다. 바람의 생명은 잠시도 쉬지 않고 불어야 하는 것. 지난날 나는 내 안의 바람 때문에 왜 그렇게 괴로워했을까. 바람은 의욕과 활력, 욕망과 성취를 잉태하는 모체였다.

  내 안에 고요하니 잠든 바람을 흔들어 깨우자, 무기력한 일상, 느닷없이 밀려오는 권태, 사람 사이의 부대낌, 그보다 더 먼 곳의 그리움과 절망을 그냥 가슴 안에 가두어 둘 수는 없다. 설혹 바람 때문에 긁히고 상처 나고 긴 날을 괴로워한다고 해도 나를 기다리고 있는 더 먼 날은 그런 것들을 어루만져 주고 용서할 테지.

  바람아, 이제는 더 망설이지 않고 나를 네게 맡기마. 두려워하지 않고 당당히 너를 안으리라.

2001년

낮달 속의 낮

 감나무 그림자 발아래 쓰러진다. 강아지풀·쑥부쟁이·망초대궁 어이없이 넘어진다. 재 넘어온 바람 한 줄기 졸고 있던 햇살들 곤두박질친다. 왱왱 예초기 날카로운 칼날 아래 온갖 것들 잘려 나간다. 벌집처럼 숭숭하던 번민, 근심, 애증의 고리들 모조리 칼날 앞으로 불러내 베어낸다. 다시는 엉키지 않게 싹싹 쳐낸다. 방아깨비·여치·사마귀 혼비백산하여 달아난다. 요놈들 간이 콩알만 하겠다. 등줄기로 흘러내리는 땀방울. 눈치 빠른 바람 달려온다. 그 바람 달다.
 밥 먹고 하라고 앵앵거리는 소리 너머로 큰동서 손짓한다. 밥 먹고 하게. 맨날 맨날 뭐든지 밥 먹고 하게. 자네 오늘 큰일하네. 놀라는 얼굴 좀 보게. 이때 아니면 언제 갈퀴질해볼 건가. 나도 오늘은 일꾼이다. 먹어야 일을 하지.

먹고 일하고, 먹고 자고, 먹고 싸고. 먹고먹고먹고. 하늘의 낮달 너도 먹고. 댕강댕강 목 떨어진 강아지풀·쑥부쟁이·망초대궁 너들도 한술 먹고. 거기 둑에 있는 엉겅퀴 너도 가시만 세우지 말고 와서 음복해라.

내 눈에만 보이는가. 시어머니 생시인 듯 저만치 나와 앉아 있다. 자식들 배부르게 먹고 있는지 숟가락마다 쳐다본다. 큰아들 막걸리 사발 들이켜는 거 보고 있다. 저리 좋을까. 오랜만에 동생들 앞에서 호기 부리는 맏이 모습 보기 좋은 갑다. 둘째 목젖 울컥거리며 마신다. 셋째 너는 벌써 한잔 되었구나. 아까운 내 새끼들, 못다 한 내 사랑까지 벌컥벌컥 다 마셔라. 자식들 돌아가며 어머니 치맛자락에 막걸리 철철 붓는다. 어머니 허기지고 술 고프셨나, 금방 다 흔적 없이 감춰버리네. 예초기 칼날 소리에 도망갔던 개미들 떼를 지어 온다. 동네 여인들 허리 질끈 묶고 타작마당에 들어서듯 저놈들 허리 볼끈볼끈 묶고 청하지도 않았는데 한술 먹으러 온다.

넘어지고 쓰러지고 엎어진 것들 끌어낸다. 요리조리 갈퀴질 물올랐다. 쓱쓱 긁고 또 긁는다. 아버지 마른 등허리 같은 잔디 시원하게 긁는다. 옛날에 어른들 등 근지럽다던 말 이제 무슨 말인지 알겠다. 그때 긁어드리지 못한 거 오늘 이리 긁어드린다. 불콰한 얼굴로 큰아주버님 하늘 본다. 두 동생들 형님 따라서 하늘 본다. 아직 해 지려면 서너 발은 남았다.

해 딴에는 다 하겠다고 눈자위 붉은 막내 어머니 무릎 베고 벌렁 눕는다. 어머니 손부채 바람인가. 소슬한 바람 옆구리로 들어온다. 잠깐 눈 붙이라고 해도 구름 속으로 숨는다. 잠시 일손 놓고 땀 씻는다. 하늘에 낮달이 하얗게 떠 있다.

 환한 대낮 있어도 없는 낮달처럼 아득한 어머니. 오늘 하얀 낮달로 저리 떠 있는가. 올망졸망 새끼들한테 간·쓸개 다 빼주고 이제는 새털처럼 가벼워진 어머니. 가도 가도 끝없는 허공 빈 배 되어 어디를 가시는가. 갈퀴 고리 미어터지게 긁어모은 풋풋한 주검들. 바람이 애도하고 햇살이 머리 조아린다. 오늘밤 두 어른 맨송맨송 쑥스럽겠다. 아버님, 봉두난발 같은 머리 깎고 수염 밀고 고랑 진 얼굴 톡톡 두드려 주름살 폈으니 어머니 못 알아볼라. 아니 어머니 짚불 때다 그을린 얼굴 헝클어진 머리 얌전히 빗고 쪽쪘으니 되레 아버지가 알아보지 못할라. 괜히 싱겁다고 짜장 밉지 않은 투로 며느리 나무라던 어머니, 지금도 싱거운 걱정 한다고 눈 흘긴다.

 암울한 시대 태어나, 내남없이 등가죽 땡기도록 가난하던 시절에 열일곱 살 동갑내기 부부되어 칠남매 낳고 이 마을에서 평생을 살았다. 지금은 마을 뒷산에 아담한 두 개 봉분으로 남아 일 년에 한두 번 자식들 본다. 흘러가던 구름 그림자 봉분 위에 머문다. 흐르는 것이 구름뿐인가. 머무는 것이 그림자뿐인가. 담배연기 가늘게 바람결에 흩어진다. 봉초담배만 피우던 아버님 에쎄 담배 맛있는 갑다.

득달같이 장손 왔다. 젊은 힘 수혈한다. 이게 벌초마당인가. 막걸리 서너 사발에 큰 대 자로 누워버린 아버지 삼촌들 빙긋이 바라보며 풀더미 져 나른다. 예초기 푸른 날 얌전히 빼 놓는다. 낫이며 갈고리며 막걸리 빈병 두 손 가지 않도록 챙기는 것 좀 보소. 내 언젠가 증조·고조 또 그 위 어른들께 산소마다 찾아다니며 인사 다닐 적 신랑이 꼭 저러했거늘. 지금 해거름에 보니 영락없는 그때 남편과 흡사하다. 조카도 삼촌을 저리 빼닮는가. 세월은 어디로 다 흘렀는가. 꼭 움켜쥐고 있었거늘 손가락 사이로 다 빠져 나가버리고 말았구나.

사는 것이 뒤숭숭해서 돌아간 부모님 간간히 잊고 산다. 산 사람도 다 건사 못하고 사는 살림이라 잊을 때도 많다. 멀리 간 어른들은 그냥 없는 듯 있는 하얀 낮달 같다. 아무런 빛도 힘도 없지만 그렇다고 달 아닌가. 권세 없는 낮달로 떠있는 그 사랑 시리고 아프고 가끔은 눈물 찔끔 나게 그립다. 오늘 이리 자손들이 환하게 사는 건 어제 내린 단비 같은 당신들의 은혜인 것을 어찌 모르리.

서녘 노을 잦아든다. 산 능선 그리메 그림처럼 다가온다. 땅거미 내린다. 산 것들 밤이슬 피하려 둥지를 찾는다. 수런수런 깃을 접는 날것들 소리, 어미 품을 파고드는 새끼들 숨결소리 아련하다. 어머니 마른 눈물로 등불 환히 밝힌다. 휘청거리며 걸어가는 그림자 길게 비춰주고 있다. 하늘에 어둠별 떴다.   2007년

배롱나무를 접接하다

 커다란 전지가위다. 과일을 따는 가위와는 비교가 되지 않는다. 손가락을 사용하는 것과 두 팔을 사용하는 것은 무게감부터 다르다. 칼날은 무엇이라도 자를 듯 날이 서 있다. 예초기를 든 그는 전장에 임하는 장군처럼 보인다. 그에 비하면 나는 어설프기 짝이 없는 군졸이다.
 장군은 거만하게 명령한다. "아깝다고 생각 말고 과감하게 잘라내라." 산소 주변에 있는 나무들, 특히 배롱나무의 곁가지들을 잘라내고 수형을 잡으라는 것. 평소 나뭇가지 하나 다듬어보지 않은 사람에겐 무리한 요구지만 거역할 순 없다. 비장한 각오로 전투에 임하는 졸병의 어깨 위로 가을 햇살이 힘을 싣는다.
 삼 단짜리 사다리 위에 올라서니 보이지 않던 것들이 보인다. 밤나무가 바짝 긴장하는 눈치다. 겁먹은 얼굴로 밤송이가 가시를 빳빳이 세운다. 걱정 마라. 너를 건드리진 않겠다. 스르르 자궁을 열어 네 안의 것을 모두 쏟아 낼 때 그 때 보자. 단감나무도 막 단장에 들었다. 급하기로 단장 중인 널 범하랴. 단물이 배여 농염한 암내를 풍길 때를 기다렸다 해치우마.

배롱나무는 백 일을 꽃 핀다는 백일홍이다. 모내기하다가 허리 펴고 보는 수줍은 봄꽃. 벼가 통통하니 알이 밸 때 피는 농염한 여름 꽃이다. 벼가 누렇게 익어가는 추석 무렵 더 아름답고 처연하게 피는 가을꽃. 일 년 내내 붉게 피는 백 일 붉은 꽃이다.

나무의 수피는 매끄러운 여인네의 우윳빛 살결을 닮았다. 가지는 원줄기 말고 두어 개면 족하다. 지금 나무는 벌 가지가 많은 잡목에 불과하다. 졸병의 임무는 나무에게 자존감을 찾아 주는 것. 천생 여자로 태어난 몸임을 알려 주는 것이다. 아랫도리는 미끈하고 가슴은 풍만한 굴곡진 체형을 갖게 해 주리라. 그러기 위해 시정잡배 같은 잔가지들은 단칼에 날려버리는 무소불위의 검객이 되어야 한다.

우선 삐죽이 고개를 쳐든 것부터 자른다. 그러게 왜 빳빳하게 머릴 쳐드느냐고? '싹뚝.' 비굴하게 숨어있으면 모를 줄 알고? '싹뚝.' 불쑥 나타난 무법자를 보고 배롱나무 진분홍 꽃이 비명을 지른다. 어디서 얼굴을 바짝 쳐들고 앙탈이야? '싹-뚝.' 끽소리 한 번 지르지 못하고 꽃숭어리째 발밑에 떨어지는 어여쁜 꽃잎. 내 안에 잠자고 있던 어떤 본능이 뱀처럼 꿈틀거린다.

이제 검객은 거칠 것이 없다. 너를 베는 이유를 알렸다. 너는 너무 많은 곁가지를 만드는 탐욕을 부렸구나. 큰 세력 밑에 비굴하게 빌붙어 사니 좋으냐. 주렁주렁 매달린 근심이 누군가의 슬픔과 닮았구나. 어쩌자고 너는 내가 갖지 못한 붉은 입술을 가졌더냐.

벌초삼매경에 빠진 그는 부모님 산소를 오랫동안 가꾸어 왔다. '살아 효도는 없어도 죽은 효도는 있다.'더니 그를 두고 하는 말인 듯. 잔디를 심고 잡풀을 뽑아내고 향나무와 배롱나무를 심은 지 오래되었다. 일 년에 고작 한두 번 손을 보는 산소의 나무가 생각대로 자라는 건 아니다. 와서 볼 때마다 나무는 웃자라 있기 일쑤고 쑥부쟁이와 토끼풀은 영역 확장에 필사적이다. 뒷산의 아까시 나무는 자꾸만 새끼를 쳐서 봉분을 향해 결사적으로 진군해 온다. 그는 아까시 뿌리를 올 때마다 캐내지만 늘 그 자리에는 아까시가 푸르다.

지금도 마구 자란 쑥대와 토끼풀이 잔디들 속에 점령군처럼 진을 치고 있다. 모자를 푹 눌러쓴 장군은 예초기 칼날을 사정없이 점령군의 발밑에 들이댄다. 저항 한 번 못하고 맥없이 쓰러지는 힘없는 민초들 위로 놀란 방아깨비 혼비백산하여 튄다. 풀잎도 튀고 햇살도 튀고 땀방울도 튄다. 성은 조금씩 함락되고 진격은 계속된다. 저 여유 있는 푸른 서슬.

 멀리서 보니 전지한 나무는 확연히 모습이 드러난다. 말총머리 계집애의 머리를 곱게 빗겨 땋은 듯 수줍고도 앙증맞다. 이제야 제법 팡파짐하니 계집 티가 난다. 서너 해 더 수형을 잡아주면 기품 있는 나무가 될 것 같다. 사람도 식물도 가꾸기 나름이고 관심 두기 따라 달라진다. 선머슴 같던 꼴이 얼마나 사랑스러워졌는가.

 예초기 소리가 멈췄다. 주위는 일순간에 고요에 빠진다. 나도 잠시 휴식에 든다. 얼마 만에 느끼는 노동 뒤의 나른함인가. 모자로 얼굴을 가리고 잔디밭에 눕는다. 햇살이 조심스레 내 안으로 들어와 몽롱한 의식 저 밖으로 나를 끌고 간다. 배롱나무와의 합체. 햇살이 가위가 되어 나를 전지하기 시작한다. 내 안의 불안을, 욕심을, 권태를 잘라낸다. 그동안 나는 붉은 꽃을 피우기 위해 얼마나 땀을 쏟았는가. 무서운 밤도 뜨거운 뙤약볕도 참고 견뎠다. 돼먹지 못한 벌과 나비가 집적거리며 희롱할 땐 멋진 기사가 나타나 구해주기를 간절히 바라지 않았던가.

 "일하다가 뭐해. 잠이라도 든 거야!"

 버럭 소리에 눈을 뜬다. 얼굴에 온통 검불이 튄 남자가 낮잠에 빠진 일꾼을 깨우는 고약한 주인 얼굴을 하고 내려다본다.

수북이 떨어진 나뭇가지들 위에 햇살이 엎드려 있다. 무엇이 되어보지 못하고 사라지는 많은 것들은 무언가를 위한 희생의 제물일 때가 많다. 목이 잘린 분홍 꽃숭어리에 자꾸 시선이 간다. 내 몸이 베인 듯 화끈거린다. 남의 생목숨을 끊어낸 전지가위는 제 할 일을 다했다는 듯 벌렁 누워 있다. 마치 그 모습이 '나는 죄가 없어요. 그저 시키는 대로 내 소명을 다 했을 뿐' 하고 말하는 것 같다.

거꾸로 처박혀도 좋을 듯한 깊은 하늘. 그동안 너나 나나 별 것도 아닌 것을 품고 얼마나 끙끙거리며 살았더냐. 이제는 그러지 말자. 날마다 곁눈처럼 돋는 욕망, 근심, 슬픔의 촉들일랑 아예 품지 말자꾸나. 살다보면 더러 아파서 좋은 날도 있는 것. 오늘이 그런 날인 것 같다.

세월이 갈수록 너는 더 아름다워질 것이고 나는 외로워 갈 것이다.

다대포

다대포는 작은 포구다. 썰물이 질 때면 끝없이 모래바닥이 드러난다. 파도도 없고 물보라도 일지 않는 그곳은 감감한 논바닥 같다.

그 앞에 서면 푸른 보리밭 이랑 사이로 불어오는 바람소리 같은 게 들린다. 못줄을 대며 몸을 폈다가 수그렸다가 하는 사람들의 모습이 보이기도 한다. 푸른 논벌이었다가 황금빛 들녘이었다가 그루터기 쓸쓸한 빈 들녘이 되기도 하는 다대포 개펄.

다대포의 모래는 늘 젖어있다. 젖어있는 모래바닥을 보면 무언가 쓰고 싶다. 바다, 어머니, 사랑, 이별, 삶, 청춘, 바람…이런 글자들을 적다보면 모래바닥처럼 금방 가슴이 흥건해진다. 눈시울마저 그렁하니 젖어온다. 괜히 심술 난 아이마냥 모래바닥을 쿡쿡 쑤셔댄다. 움푹하니 파내기도 하고 줄도 죽죽 긋는다. 바닷물을 품고 있는 바닥은 이내 그것들을 흔적 없이 뭉개버린다. 내 안에서 들어내고 지워 버리고 파내어도 금방 가득 차버리는 것의 정체도 저런 바닷물을 닮았을까. 사람 사이의 정이나, 그리움, 사랑, 그런 건 아무리 퍼내고 닦아내고 긁어내도 모래구멍에 스며드는 바닷물처럼 고이는 걸까.

숲과 바다가 절묘한 몰운대의 숲길로 들어서면 세상의 번잡한 소리는 한 발짝 뒤로 성큼 물러난다. 숲 사이로 언뜻언뜻 보이는 바다 빛이 안으로 들어갈수록 짙어진다. 숲을 흐르는 바람소리, 울창한 나무들 사이를 구르듯 나다니는 다람쥐들. 산새인지 물새인지 분간 못할 새들이 토해내는 물빛 공기방울들이 청량한 대기 속을 둥둥 떠다닌다. 걸음을 옮길 때마다 세상 속 근심이 하나씩 떨어져 나간다. 도무지 무슨 걱정거리가 있기나 했었는지 잡다한 일상의 애환들이 멀게만 느껴진다.

몰운대는 조용한 여염집 안뜰 같다. 숲 어디에고 살아있는 것들의 고른 숨소리 같은 게 잠겨있다. 무언지 알 수 없는 정겨움이 한 발짝 앞서가고 있다. 어디선가 휘파람 소리 같은 게 들려 귀를 모으니 자갈밭을 기어오르는 파도소리다. 작은 자갈들을 품고 주저앉아 있는 해안. 파도가 자갈 위를 주르르 올라왔다가 달아나고 갯바위 젖은 몸에 햇살이 달라붙는다.

모서리가 닳고 군데군데 칠이 벗겨진 기다란 나무 의자가 바다를 향해 엎드려 있다. 여유로운 향기를 지닌 사람만이 앉을 수 있을 것 같은 의자 위에 걸터앉는다. 아침이면 눈부신 햇살이 비추었으리라. 낮이면 구름의 그림자가 너울거리다 가고 바람이 한참씩 머물다 가기도 했으리라. 밤이면 별빛이며 달빛도 쉬어갔을 이 낡은 의자. 오늘은 예서 가슴 속 시름들을 다 날려 보내고 가리라.

아주 먼 곳을 돌아온 듯한 피로감이 등을 타고 흐른다. 안도인지 쓸쓸함인지 모를 그런 느낌 속에 빠져든다. 누가 이곳을 몰운대라 이름 했는지 기막히다. 구름마저도 차마 흐르기를 잊어버리고 아름다운 풍광에 취해버린다는 그런 뜻일까. 바다는 바다대로 숲은 숲대로 나는 나대로의 생각 속에 빠져있는데 바람이 어깨를 툭 치며 지나간다. 그 바람에 솔방울 하나가 발밑으로 떨어진다. 마르고 건조해서 전혀 어떤 무게도 느껴지지 않는 마른 솔방울. 한때는 짙푸른 수액으로 가득 차 있었을 네 안의 속살은 다 어디 가고 떡떡 갈라진 몸피뿐이냐. 흐르는 세월 앞에 떨어져나가지 않을 목숨이 어디 있을까. 훗날의 꺼칠한 내 모습 같은 솔방울 한 개 쥐고 일어선다. 휘청거리는 긴 그림자 하나 나를 따라온다.

몰운대의 해거름은 반짝이는 적막함이다. 다대포가 몰운대를 품고 있다면 몰운대는 다대포를 발밑에 질펀히 깔아 놓고 있다. 회색의 개펄 위로 저녁놀이 깔리면 그곳은 그대로 커다란 화폭이다. 개펄은 여백이다. 시시각각 변해가는 하늘빛이며 바다 빛이 종잡을 수 없는 붓놀림이다. 옷을 둥둥 걷고 개펄을 걷는 사람들은 자신들의 모습이 얼마나 아름다운지를 모른다. 엎드려 무언가를 줍고 있는 사람들의 등 뒤로 노을도 함께 엎드려 있다.

저녁놀은 생성과 소멸을 함께 느끼게 한다. 불꽃처럼 짧게 타올랐다 가뭇없이 스러져간다. 지는 해가 보여주는 이 순간의 황홀, 깊은 침묵 속으로 가라앉는 내 안의 개펄 같은 어떤 쓸쓸함.

2000년

손에 대한 생각
팔짱 끼기
다이아몬드 브리지
봄은 콧등을 깬다
이웃집 은행나무
내 안의 그물
웃어주는 일
중산층별곡
부엉이 눈알 같은 손님

손에 대한 생각

 사람의 손만큼 정직한 건 없다. 손을 보면 그 사람을 알 수 있다고 한다. 손을 보고서 그 사람의 삶을 짐작한다는 얘기일 게다. 손은 어떤 주인을 만나는가에 호강을 하기도 하고 고생을 하기도 한다. 자식이 부모를 선택하여 태어날 수 없듯이 손도 주인을 고를 수 없으니 손으로 보면 좀 억울한 일이다.
 무언가를 잘하는 빛나는 손들은 경이를 느끼게 한다. 피아노를 잘 치는 손, 그림을 잘 그리거나 글씨를 잘 쓰는 손, 도공의 손이나 어떤 방면에 장인의 칭호를 받는 손들 앞에서 나는 곧잘 주눅이 든다. 한 가정을 꾸리느라 거칠어진 손, 물마를 새 없이 고달픈 손, 왼손이 하는 일을 오른손이 모르도록 음지에서 봉사하는 손, 정직한 손들 앞에선 부끄럽다.
 내 손이 재주 없음은 내가 게을러서인데 나는 가끔 손을 나무란다. 남들이 다하는 뜨개질도 못하고 꽃꽂이도 못하고 음식도 잘하지 못한다고 손을 탓한다. 속으로 주인을 잘못 만나서 기 한번 못 펴고 산다고 그 손이 주인을 원망할 수도 있는데 말이다.

손은 우리 몸 중에서 감정을 가장 솔직히 나타낸다. 반가우면 덥석 잡고, 싫으면 뿌리치고, 화가 나면 힘줄을 세우고, 애정을 나타낼 땐 한없이 부드럽고 다소곳하다. 긴장하면 땀이 나고, 부끄러우면 어디로 숨을까 허둥거린다. 손의 표정을 보고 그 사람의 마음을 짐작하는 건 숨길 수 없는 손의 표정 때문일 것이다.

주부의 손을 보면 그 집을 알 수 있다. 잠시도 가만히 있지 못하고 부지런한 손은 집안을 윤기 있게 한다. 반짝거리는 식기며 가구, 깨끗한 의복들, 말끔한 창틀은 보는 사람을 기분 좋게 한다. 그러나 주부가 바쁘고 적당히 게으르면, 집안 구석구석이 알게 모르게 어지러운 건 숨길 수 없는 사실이다. 논 표는 없고 일한 표는 나는 게 손이 한 일을 두고 하는 말인 것 같다.

지난해 감자농사를 많이 짓는 친척집에 간 적이 있었다. 한창 수확 철이라 노는 손들이 없었다. 고양이 손이라도 빌려야 하는 마당에 어찌 보고만 있을 수 있는가. 내 딴에는 거들어주고 싶어 덤비긴 했는데 마음 같지 않은 게 농사일이었다.

감자를 캐는 일에도 요령이 있었다. 호미를 너무 낮게 넣어 캐는 바람에 호미 날에 찢겨 나오는 감자가 한두 개가 아니었다. 캐는 일보다 감자를 담아 나르는 일이 쉬울 것 같아 해보았지만 그것도 몇 번 들락거리니 땀이 비 오듯 했다. 할 수 없이 광에 앉아서 큰 것, 중간 것, 작은 것을 선별하여 상자에 담는 일을 하였다.

다마서리라고 하는 그 작업은 눈썰미를 요했다. 오랫동안 일을 하여 일 맛을 아는 사람들의 모습은 힘든 일도 수월해보였고 그 작은 단순작업이 아름다워 보이기까지 했다. 손에 쥠과 동시에 여기저기로 오차 없이 던져 넣었다. 그 일도 만만치 않아서 결국 내 손은 마지막 작업인 상자에 테이프 붙이는 일을 했다. 일하는 손에도 등급이 있다면 내 손은 가장 낮은 하품일 거란 생각이 들었다.

그러나 그날 나는 모처럼 뿌듯하였다. 일한 보람을 말하라면 아마 그런 기분을 두고 하는 말이지 싶다. 손톱 밑이 까맣고 바짓가랑이는 흙투성이였지만 감자 상자들이 트럭에 실리는 걸 보노라니 농사는 내가 다 지은 것 같았다. 품삯으로 실어준 감자 한 상자가 몇 만 원의 현금보다 더 귀하여 마음이 흐뭇했다. 노동은 이런 거구나 하고 모처럼 으쓱한 기분이 되었다. 오랜만에 들어본 품삯이란 말이 풋사과를 씹듯 신선해서 혼자 웃었다.

얼마 전에 집수리를 했다. 자식들이 자라서 하나는 출가하고 둘은 직장 따라서 나가고 없으니 필요 없는 방 하나를 없애고 거실을 넓히는 공사였다. 눈으로 보는 건 뭐든지 못하는 게 없다는 예순을 넘긴 박 씨는 일꾼 한 사람씩을 데리고 다니는 그 방면의 전문가였다. 미장일을 할 땐 일꾼을 도와서 마무리를 해주고, 타일을 부칠 땐 자르고 붙이는 일을 도왔다. 그의 손은 못하는 게 없어서 전기도 수도꼭지도 다 고치고 교체했다. 나는 일하는 그의 손을 유심히 바라보았다. 손가락 뼈마디 부분이나 손바닥이나 손톱이 다 연장이었다. 후비고 조이고 당기고 젖히며 그의 손이 지나가면 일이 끝났다. 손재주를 타고난 사람이었다.

어릴 적 외가 동네에 손버릇이 나쁜 어른이 있었다. 소소한 물건들이 없어지면 마을 사람들은 그 집으로 갔다. 그 집 광 안엔 이 집 저 집에서 가져다 놓은 것들로 없는 농기구가 없다고 했다. 훔치려고 했던 건 아닌 것 같은데 어쨌든 남의 것을 탐내는 고약한 버릇 때문에 마을 사람들로부터 사람 대접을 받지 못했다.

가만히 내 손을 들여다본다. 뭐 하나 칭찬해 줄 것이 없다. 잘하는 게 있나, 예쁘기를 하나, 여성스러운 나긋함이라곤 찾아 볼 수 없는 투박한 손이다. 굳이 한마디 보탠다면 가끔 내 손을 잡아 본 사람들이 "손이 참 따뜻하군요." 한다. 그럴 때면 "마음은 더 따뜻해요." 하고 말해서 웃곤 한다. 누군가에게 따뜻이 내밀 손이 있는 건 행복한 일이다. 나는 적당히 거칠고 나이만큼 늙어 보이고 주름진 내 손을 소중히 생각한다. 건강한 손은 축복이다. 손은 창조의 원천이고 손 안에는 개발할 자원이 무한하다.   2008년 8월

팔짱 끼기

　혼자 있을 때 무심코 팔장을 낀다. 그럴 때는 나도 모르는 사이 생각에 골똘히 빠져있기 일쑤다. 팔짱을 자주 낀다는 것은 내 안에 번민이 많음이다.
　누군가와 얘기를 나누거나 여럿이 수다를 떨 때는 팔짱을 잘 끼지 않는다. 입도 동작도 바쁘게 움직이는데 팔짱을 낄 수가 있겠는가. 팔은 얼굴의 표정보다 더 역동적이다. 얼굴은 웃고 찡그리고 성내고 하품하고 그 정도지만, 팔의 표정은 다양성에 범위까지 넓다. 얼굴이 웃을 때의 팔은 그 동작이 부드럽다. 화를 낼 땐 성을 다스리느라 팔이 부르르 떨린다. 힘이 없을 땐 축 처지고, 흥분하면 앞으로 위로 어디로 뻗을지 모른다. 힘이 넘칠 때의 팔은 시퍼런 나무 같고 아플 때의 팔은 시든 풀 같다.

팔짱을 낀 채 발끝으로 땅을 찍거나 멍하니 하늘을 보고 있거나, 웅크린 자세로 앉아 있으면 말을 걸지 않는 게 좋다. 그는 방해받고 싶지 않은 그만의 세계에 팔짱이란 울타리를 치고 그 안에 들어앉아 있는지도 모른다. 혹시 내가 그러고 있으면 아무도 말을 걸지 않았으면 좋겠다.

여럿 속에서 팔짱을 끼고 있는 사람이 있다. 과묵한 사람이거나 방관자이거나 관심이 없는 사람이다. 타협하기 싫은 어떤 일에 부딪쳤을 때, 판단이 서지 않을 때도 사람들은 멀찍이 팔짱을 낀 채 서 있곤 한다. 그런 사람들의 표정은 거의가 심드렁한 얼굴이다. 관심 없다는 듯 먼 하늘을 보거나 하품을 한다.

둘이면 얘기가 다르다. 젊은 남녀가 팔짱을 끼고 걸어가면 연인이라 해도 좋다. 아름다운 모습 중에 하나를 꼽으라면 팔짱을 끼고 걸어가는 사람들의 모습이다. 부부가, 부모와 자식이, 아니면 친구끼리 다정하게 팔짱을 끼고 가는 것을 보면 가슴이 따뜻해진다. 그 순간만은 누구도 외로워 보이지 않아서 좋다. 팔짱을 낀 채로 싫은 소리 하고 싸우는 사람은 없을 것이다. 사람끼리도 서로 좋아야 마음이 열리듯, 팔짱도 좋아야 끼게 되고 팔도 벌려진다. 팔짱을 끼는 사람은 여리거나 어리광을 부리고 싶거나 사랑받고 싶은 사람이다.

나는 덩치에 어울리지 않게 내가 팔짱을 끼는 편이다. 정이 고파서 생긴 버릇 같다. 같이 나들이할 일도 별로 없지만 어쩌다 남편의 팔짱을 끼고 걸으면 나를 향해 열리는 그의 마음이 느껴진다. 그런 날은 조근조근 얘기도 많아지고 목소리도 은근해지고 쓸데없는 곳에서 지갑도 스르르 잘 열린다.

가끔 주말에 집에 오는 아들과 쇼핑을 한다. 집 근처에 있는 마트는 영화관과 서점이 있어서 시간을 보내기 좋다. 늦은 밤 영화를 보고 나와서 아들과 팔짱을 끼고 집으로 오는 시간은 언제라도 흐뭇하니 좋다. 미처 이해하지 못했던 영화의 한 대목을 슬며시 물어보면 아들은 곧잘 설명해준다. 그런 시간이라야 아이의 생각을 알 수 있고, 하고 있는 일, 고민, 연애 혹은 결혼에 대한 생각을 들을 수 있다. 나이가 걸음을 느리게 한다고, 그냥 나란히 걷는다고 걸어도 처지기 일쑤다. 아예 팔짱을 껴야 보조가 맞고 속엣말도 들을 수 있고 밀렸던 얘기도 두런두런 길어진다.

지나간 봄이다. 큰딸의 웨딩드레스를 보러 가는데 봄비가 실같이 내렸다. 그냥 맞고 걸어도 괜찮을 듯싶은데 예비사위가 우산을 씌워주며 다른 팔로 어깨를 싸안아 주는 게 아닌가. 그 순간 가슴이 뭉클했다. 언제부터 나와 닿기 위한 인연이었을까. 어느 날 불쑥 내게로 와서 자식이 되는 귀한 인연은 아들과는 또 다른 사랑스러움이 있다. 미더움, 거기에 귀하기까지 하다.

세상을 살아가는 데 혼자는 외롭다. 나무도 사람도 혼자는 외롭고 쓸쓸하다. 둘이면 정답고 셋이면 든든하다. 혼자일 땐 생기가 없다가도 둘이 되면 사뭇 달라진다. 아껴주고 배려하는 마음도 상대가 있어야 한다.

  나는 요즘 스스로를 좀 사랑해야 할 것 같은 생각이 든다. 나를 멀찍이 바라볼 것이 아니라 가까이 껴안아야 될 것 같다. 내가 생각해도 내가 못나 보이고 마음에 들지 않는 구석이 한 둘이 아니지만 그렇다고 나 아닌 누가 나를 아껴주겠는가. 자신을 사랑하지 않으면서 무엇을 할 수 있을까. 푸른 비늘이 튀는 삶은 아닐지라도, 마지막 열정을 태워볼 내 일을 찾아 사랑하는 것, 그것이 비록 보잘것없는 일상의 한 자락이더라도 내가 심고 가꾸고 꾸려야 한다면 단단히 그것들과 팔짱을 껴 볼 일이다.

2006년

다이아몬드 브리지

 예쁜 이름을 갖는 것은 행운이다. 정작 본 이름을 두고 애칭을 붙여 주는 덴 나름의 이유가 있음이다. 광안대교라는 이름은 평범하다. 지명을 따서 붙인 이름이란 걸 금방 알 수 있다. 그런 광안대교가 '다이아몬드 브리지'란 이름을 얻은 데는 부산사람들의 사랑이 고스란히 담겨있다.
 다리는 물을 건너는 기능을 갖고 있다. 얕은 도랑물을 건너는 징검다리, 겨울철 냇물을 건너게 하던 섶다리. 큰 기둥을 세워 강을 건너게 하던 콘크리트 다리를 지나, 지금은 바다 밑은 물론, 섬과 섬 사이를 잇기도 하고, 군과 도시를 잇기도 하면서 막강한 힘을 과시하고 있다. 분초分秒를 다투는 현대인들에게 시간만큼 긴요한 것은 없다. 물류와 소통은 시간과 비용을 따지는 셈법이다. 에돌아가는 시간을 절약해주는 효능까지를 갖추고 있는 게 바로 산업화의 밑거름이 되는 다리다.

어린 시절 살았던 동네 앞에 감천甘泉이란 시냇물이 있었다. 여름철 장마나 홍수를 빼면 그곳은 아이들의 놀이터였다. 여름 한철 내내 그 냇물에서 살다시피 했다. 냇물을 따라 방죽이 오릿길도 넘게 쌓여져 있고, 수양버들이 냇물에 가지를 늘어뜨린 채 줄지어 서 있던 풍경은 지금도 기억 속에 아련하다.

가을 추수가 끝나면 마을 사람들은 섶다리를 놓았다. 냇물만 건너면 금방 닿을 수 있는 장場이지만 둘러서 가면 반나절이 걸렸기 때문이다. 그때의 섶다리는 겨울 한철을 넘기면 그만이었다. 여름철 홍수나 장마에 견딜 수 있을 만큼 견고하게 지어지는 다리가 아니었다. 나무로 기둥을 세우고, 기둥사이에 얼기설기 나무를 걸치고 엮어, 그 위에 솔가지 따위로 덮으면 되는 것이다. 그날은 마을의 아낙들도 냇가에 솥을 걸어 밥을 하고 추어탕을 끓였다. 그 시절엔 거지도 많아서 '다리 놓는다.'는 소문이 어디까지 퍼졌는지 떼로 몰려오곤 했다. 얻어먹으려면 씻고 오라는 말에 냇물에 들어가 세수를 하고 머리에 물을 축이며 저희들끼리 시시덕거리던 모습은 어린 우리들 눈엔 구경거리였다.

광안대교는 사람이 건너는 다리가 아니라 차들이 달리는 길이다. 멀리서 바라보는 다리와 달리는 차 안에서 보는 다리는 다르다. 차를 타고 달릴 땐 그냥 빨리 가는 바다 위의 길일 뿐이다. 같은 고장에 살지만 그곳을 차로 건너는 일은 그리 많지 않다. 어쩌다 그곳을 통과할 때면 다리 밑으로 출렁이는 바다를 더 유심히 바라본다. 느긋하니 관광객의 시선으로 광안리 해변의 모습을 바라보기도 한다. 해운대 주변의 번쩍거리는 고층건물들을 볼 때면 낯선 이국 풍경을 바라보는 듯하여 가슴이 두근거린다.

감히 생각이나 했던가. 푸른 바다를 가로지르는 다리가 놓일 거라고. 하물며 그 다리가 화려한 불꽃놀이로 유명세를 탈 줄이야. 불꽃놀이의 진수를 보여주는 곳이라면 단연코 광안대교다. 밤바다를 비추는 화려한 조명과 하늘을 수놓은 색색의 불꽃을 보는 사람들은 입을 다물지 못한다. 하루가 모자라 이젠 불꽃놀이 기간도 길어졌다. 그때마다 몰려드는 사람들로 광안리는 몸살을 앓고, 구경하는 사람들은 그 아름다움에 도취되어 함께 앓기도 한다.

호불호好不好의 감정은 어느 곳에나 존재한다. 얻는 게 있으면 잃는 것도 있다. 긍정적인 측면 뒤엔 부정적인 측면도 자리한다. 나는 행정가도 시민운동가도 아닌 평범한 주부다. 내 걱정도 많아서 나라의 경제와 살림을 걱정할 위인이 못 된다. 하룻밤 화대로 집 한 채를 날리고도 껄껄거릴 만큼 배포 큰 남정네는 더욱 아니어서 하려고만 들면 군걱정이 끝이 없다.

  지방자치제 이후 모든 도시와 군郡들이 지역홍보에 혈안이 되어 있다. 지역의 특산물이나 명소를 살려서 성공한 곳들도 많다. 부산은 천혜의 지리적 요건에 'FIFF 영화제'라는 국제적 행사와 화려함의 극치인 '광안리 불꽃놀이'라는 독보적 존재가 있다. 그것들은 해를 거듭할수록 부산의 명물로서 손색이 없다.

  영화제와 불꽃놀이를 지켜보면서 드는 생각이 있다. 불꽃놀이는 그야말로 타오르는 불길처럼 순간이다. 그 순간을 위하여 천문학적인 돈을 퍼 붓는데 따가운 시선이 있다. 그러나 영화제는 며칠씩 걸리고 많은 나라의 사람들이 와서 머문다. 그들에게 영화 말고도 짬짬이 볼거리가 필요하다. 영화제가 열리는 기간에 불꽃놀이를 할 수는 없을까. 관계자들이 서로 협조하여 프로그램을 짠다면, 일석이조를 노린 관광객이 틀림없이 늘어날 것이다. 그들이 어떻게든 며칠씩 머물러 주어야 큰 행사를 계획하고 치르는 측이 원하는 것을 얻지 않겠는가. 이왕지사 벌린 굿판이라면 한바탕 신명나게 휘둘러야 한다. 굿판엔 구경꾼이 많아야 한다. 그 때문에 멀리 있는 이들에게 문자를 보내는 오지랖이 되기도 하지만 어찌되었던 그들의 혼을 쏙 빼놓고 볼 일 아닌가.

  다리는 물 위에만 존재하는 것은 아니다. 사람 사이에도 다리는 필요하다. 언제부턴가 불통이 되어버린 그대와 나

사이에도 소통이라는 다리가 필요하다. 험한 세상의 파도를 넘을 때마다 내 안에도 중심을 잡아줄 그런 다리가 절실하다. 바다를 가로질러 앞으로 달려갈 수 있는 다리. 버거운 삶을 살아가는 사람들에게 바라만 보아도 위로를 주는 다리. 그래서 부산 사람들은 그에게 최고의 이름을 선물했다. '다이아몬드 브리지'라고.

봄은 콧등을 깬다

이 여사를 만난 건 순전히 햇살 탓이었다. 같은 동네에 살지만 도통 만날 일이 없었다. 지난가을, 길에서 한참 수다를 떤 뒤로 처음이다. 나는 자전거에서 내려 그녀에게 알은체를 했다. 그녀도 깜짝 놀라며 반가워했다. 누가 권할 것도 없이 나란히 벤치에 앉았다. 나는 햇볕이 좋아서 운동장에 나왔다고 했고 그녀도 오랜만에 수영장에 다녀오는 길이라고 했다.

설 무렵, 옥상의 물탱크가 얼었다. 구정에 집을 찾아온 자식들의 불편이 이만저만 아니었다. 밥을 짓는 건 수돗물이 나오니 괜찮다 하더라도, 물탱크와 연결된 화장실의 변기를 어떻게 할 것인가. 딸년은 하루 저녁 머물더니 손자를 데리고 시댁으로 횡하니 가버렸다. 딸이 가는 건 섭섭하지 않은데 손자

놈의 재롱을 보지 못하는 것은 저녁 내내 섭섭했다.

겨울이 그렇게 지나갔다. 그러니 얼마나 속으로 봄이 오길 기다렸는지. 몽실몽실 목련이 피기 시작하는 봄날, 방안에서 빈둥거리는 건 봄에게 예의가 아니지 싶어 지척에 있는 운동장으로 나온 참이다. 삼천 원이면 자전거를 한 시간 빌려 탈 수 있다. 내가 할 수 있는 유일한 운동이다. 산을 오르는 것도 다리가 부실해진 뒤로 포기한 지 오래고, 헬스는 갇힌 공간에서 숨을 몰아쉬며 헐떡거리기 싫어 얼쩡거리지 않은 지 오래다.

"우리 아들 날 받았어."

식은 종이 커피 잔을 한쪽으로 놓으며 그녀가 말했다. 지난번 혼담이 깨진 걸 아는 나는 반가워서 그녀의 손을 덥석 잡았다.

"아이고! 잘됐네. 정말 축하해요. 그래 날은 언제예요?"

우리 나이의 여자들이 만나면, 특히 혼사를 앞뒀을 땐 얼마나 할 얘기들이 많은지. 뭐하는 사람이며 고향이 어디냐, 어디를 나왔느냐, 직장이 어디냐, 부모형제는? 한바탕 휘몰아치고 나면 예식장은, 이바지 음식은, 예물은, 예단은, 한복은? 하고 남의 잔치에 오만 걸 다 간섭하고 콩 놔라, 팥 놔라, 말하는 사람이나 듣는 사람이나 가슴이 벙벙해진 뒤에야 헤어지기 십상이다.

그런 얘기로 입안의 침이 마를 때쯤 슬며시 엉덩이를 일으

컸다. 자전거를 타고 놀던 아이들이 슬슬 빠져나간 운동장은 나무 그늘이 길게 늘어져 있다. 그때 한 무리의 여자들이 나타났다. ○○자전거의 동호회 사람들이다. 어디 원정이라도 갔다 오는 품새다. 물 찬 제비같이 쫙 붙는 바지에 새 주둥이 같은 헬멧을 쓴, 거기에다 햇볕에 타지 않으려고 얼굴에 복면까지 한 여자들의 모습에 우리는 슬며시 그곳을 벗어났다. 이 여사는 그런 그녀들의 모습을 힐끔거리며 쳐다봤다. 그녀는 예전에 자전거를 타보려고 몇 번 시도하다가 그만 뒀다고 했다. 나는 자전거를 타는 게 얼마나 수영보다 경제적인지, 시간에 구애받지 않고 혼자 놀기 좋은 놀이인지를 말했다.

"한 번 타 볼라요? 운전하는 사람은 자전거 금방 타요."

이 여사가 큰 엉덩이를 비비적거리며 자전거에 올라탔다. 내가 뒤에서 밀어주고 댕기기를 얼마간 했을까, 그녀는 엉덩이를 씰룩거리긴 했지만 앞으로 슥 나아갔다. 사람의 마음이란 참 요상했다. 마치 내가 무슨 트레이너나 된 것처럼 기분이 뿌듯해졌다.

"엄마 얏~ 쿵~."

그녀가 넘어졌다. 인라인스케이트를 탄 녀석이 앞으로 달려오자 지레 놀라서 넘어진 것이다. 하필이면 차들이 들어오지 못하게 보호막을 박아 둔 곳이다. 허겁지겁 달려가 그녀를 일으켜 세웠다. 다행히 육중한 몸은 괜찮은 것 같았다. 자전거의 핸들이 야무지게 돌아갔다. 그런데 이 일을 어쩌면 좋은가. 혼삿날이 코앞인데 콧등에 상처가 생기다니! 아들의 예식장에 반창고를 붙인 꼴로 들어선다면? 등에서 식은땀이 버쩍 났다.

 이 여사는 쿨하고 유쾌한 사람이다. 목발을 짚지 않는 것만도 얼마나 다행이냐며 깔깔 웃는다. 나는 민망하여 '이게 다 저 봄 햇살 때문'이라고 변명을 해보는데, 이미 해는 숨어버리고 보이지 않았다.

2011년

이웃집 은행나무

 뒷집 남자가 은행나무의 밑동을 벗겨내고 있다. 나무를 죽이기로 마음먹은 모양이다. 나무에 칼을 대는 마음이 오죽할까. 이웃을 향한 무언의 대답치곤 나무가 받는 고통이 너무 심하다. 뒷집 뒤란과 대문간에는 은행나무 두 그루가 있다. 키 높이가 이층집을 넘는다. 대문 바로 안에 있는 나무는 은행이 많이 열린다. 대문을 들락거리다 은행을 밟기라도 하면 고약한 냄새가 역겹다. 이층 할머니가 은행 알을 씻는 날은 골목 안이 구린내로 진동을 한다.
 골목 안 사람들은 나무의 존재를 가을이 되어야 알아챈다. 바람이 불어 노란 은행잎이 골목길에 뒹굴면 투덜거리는 소리가 낙엽처럼 쌓인다. 그들에게 은행잎은 그냥 쓸어내야 할 귀찮은 쓰레기다. 사람들의 불평은 은행나무집에서 낙엽을 쓸지 않는 데 있다. 할머니는 온 동네 간섭을 다 하면서도 자기 집 대문 앞을 쓸지 않아 욕을 먹는다.

지난가을 어느 날이었다. 골목 안에서 소요가 일어났다. 옆집 여자가 비닐 자루에 은행잎을 쓸어담아 뒷집 대문간에 갖다 둔 것이다. 쓸기는 했지만 버리는 건 그 집에서 해야 할 거 아니냐고 했다. 할머니가 젊은 사람이 그러면 되느냐 하고, "할머니도 경우가 없으시네. 그 집 나무 땜에 성가셔 죽겠어요." 하는 소리를 아들이 들어오다가 들었다.

이제 은행나무는 잎을 달지 않는다. 멀쩡하던 나무가 여자들의 입 초사에 생목숨이 끊긴 것이다. 무성한 잎들 속에서 들리는 새소리와 죽은 나무 가지에서 우는 새들의 소리는 다르다. 푸른 입새들 속에 숨어 서로 부리를 쪼아대며 내는 소리는 맑고 간지럽다. 생명이 살아 숨 쉬는 소리라 듣는 귀도 즐거웠다.

죽은 나무에는 새들이 앉지 않는다. 혹 앉았다 하더라도 불안하고 위태롭게 군다. 말라버린 나무를 볼 때마다 미안한 생각이 든다. 나도 그 이웃들 중의 하나였기 때문이다.

그 자리에 있을 땐 잘 모른다. 그것이 사람이든 뭐든. 나무가 구실을 못하게 된 뒤에야 그 존재의 고마움을 느끼다니. 그동안 내게 나무가 준 위안이 얼마나 컸던가. 봄이면 새 잎을 틔워 봄을 알렸고. 여름날 짙은 그늘은 땀을 식히기에 족했다. 노란 은행잎이 떨어질 때면 가을 정취를 느끼게 했고, 겨울밤 빈 가지를 울리며 지나가는 바람소리는 누군가의 휘파람

소리처럼 들리지 않았던가.

올봄 은행나무 밑에 남자는 구덩이를 파고 호박을 심었다. 호박에 때때로 물을 주는 모습을 보았다. 내가 보기에는 호박에게가 아니라 죽은 나무에 물을 주는 듯했다. 나무는 죽은 게 아니라 그의 가슴에 살아 있었다. 나무도 그런 주인의 마음을 아는 것처럼 보였다. 호박 줄기가 무성하니 잎을 달고 뻗어나가도록 든든한 버팀목이 되어주었다.

오늘 빨래를 널다가 은행나무를 무심코 보게 되었다. 그런데 거기 빈 가지 사이에 아이 머리만 한 호박 하나가 자리를 잡고 있는 게 아닌가. 죽은 나무를 위한 주인의 마음을 알아챈 호박이 저리 야무진 놈 하나를 키워 내다니. 은행나무의 마른가지는 마치 그놈을 떠받들고 있는 듯 보였다.

은행나무는 이제 마른버짐이 떨어져 나가듯 표피가 조금씩 떨어져나간다. 골목길에서 이웃 사람들이 모여서 이야기를 하고 있다. 누군가의 입에서 "죽은 나무가 집에 있음 재수가 없다는데." 한다. 조만간 죽은 은행나무마저 눈앞에서 사라질 것 같다.

2012년

내 안의 그물

 삶은 그물 던지기의 연속이다. 늘 무언가를 기대하면서, 그 것이 월척이든 행운이든 요행이든 던지는 건 내 몫의 바람이다.

 젊은 날 나는 내 그물 속에 아름다운 것들만 가두려했다. 사랑, 열정, 꿈, 성공 같은 것들이 시퍼렇게 살아 퍼덕이길 원했다. 그러나 번번이 내가 던진 그물 속으론, 들어오기 바쁘게 달아나는 것들이 더 많았다. 서툰 솜씨는 생각하지 않고 애꿎은 연장 탓만 하였다. 사랑이 들어오면 고통도 따라 들어왔다. 사랑만을 원했기에, 이별은 내 몫이 아니었기에 만삭의 충만감을 느낄 수 없었다. 터져 버린 그물을 깁는 건 성가시고 애마르는 작업이었다.

 잠깐만 한눈을 팔아도 그물 안의 것들은 곧잘 빠져 나갔다. 놓친 것은 늘 아쉽고 안타깝고 허무했다. 사랑도 그렇고 그리움도 그렇고 내가 아낀 사람, 물건, 관계의 고리들이 흔적 없이 빠져 나가고 없을 때의 절망, 그 허허로운 쓸쓸함을 감당하기에 내 인내는 턱없이 부족했다. 그 때문에 내 주변엔 슬픔이 안개처럼 몸을 풀었고 갈등은 가슴 안에서 마디가 굵어갔다.

고민하지 않는 삶이 있을까. 그물을 던질 때도 물때며 장소, 방향, 바람, 햇살을 가늠하고 주시한다. 신은 인간에게 아주 공평하게도 '어려움'을 주었다고 한다. 겪어낼 만큼의 시련을 주어 단련시킨 뒤에야 단비를 내린다고 한다. 내 그물은 더러 물결에 찢기기도 하고 어딘가로 떠내려가기도 했다. 떠난 사랑을 목말라하듯 잃어버린 그물을 찾아서 물속을 헤맬 때면 목이 타고 가슴이 타고 손마디, 발가락, 머리카락 끝까지 탔다.

내 그물 안으로 들어온 건 다 내 것이라고 여겼다. 움켜쥐고 있으면 다 내 것일 줄 알았다. 그물 안을 채우는 재미에 도끼자루가 썩는 줄 몰랐다. 그것들을 가두기에 내 그물이 너무 작다는 걸 깨닫기까진 수많은 시행착오를 겪은 뒤였다. 더 단단한 그물을 만드는 수고를, 터진 그물을 깁는 시간의 낭비를 알기까지는 눈물이 남아있을 때까지였다.

이제 나는 내 그물 안에 있는 것들을 놓아준다. 사랑이라는 이름으로, 혈연이라는 핑계로, 목숨과도 바꿀 수 없는 절대 운운 하면서 움켜쥐고 있던 것들을 놓아버린다. 그 자리에 똬리를 털고 있던 욕심, 오만, 간섭, 편견, 꼬리는 없고 머리만 큰 내 그물 안의 아집들을 놓아 준다.

글을 쓰는 것은 그물을 깁는 작업이다. 너무 많은 것을 가두려고 했던 내 글들의 포획망 안은 살아서 퍼덕거리는 것들보다, 가위 눌려 질식하거나 제 목소릴 내지 못한 채 비명횡사하는 주검들로 쓸쓸하다. 그것들에게 때론 박수를 치고, 눈물을 흘리고 가끔은 끌어안고 몸부림친다. 내 서툰 솜씨는 바늘에 찔리기도 하고 그물에 감길 때도 있다. 어떨 땐 그물에 갇혀 옴짝달싹못하는 내 꼴을 보며 실소한다.

이제 나는 내 그물을 가만히 두려고 한다. 물결이 이는 대로 들어오고 나가고, 어쩌다 폭풍을 동반한 해일이 그물을 송두리째 앗아간대도 그것이 내 것이길 거부한다면 그냥 놔두리라. 다 쓸려가고 볼품없는 돌멩이만 남는다 해도, 지푸라기 같은 감상 따위에 유치해지고 싶지는 않다. 그래도 끌어안고 있어 내 미미한 체온이라도 남아있는 것이라면 매정하게 버리지는 않을 것이다. 아는가, 거기 어딘가에 작은 불씨라도 남아 있을지, 겨드랑이에서 날개가 돋을지는 아무도 모른다.

어부는 그물을 기우며 바다를 꿈꾼다. 만선의 꿈을 꾸며 손가락 끝에 힘을 준다. 그가 현실의 그물코를 꿸 때, 여자는 수없이 바다 밑을 자맥질하다가 용케도 바람 한 줄기 바늘귀에 꿴다. 가버린 사랑을 생각하며 한 코, 희미해진 기억을 떠올리며 한 코, 그리움을 상실해가는 마른 가슴이 애달

파서 한 코, 그렇게 그물코를 깁다보면, 코가 풀린 줄도 모르고 헛손질을 하는 한심한 공상가였다가, 철없는 아이였다가 일상에 넌덜머리 내는 아낙네가 된다.

  아무리 박대하고 혹사해도 그물 안에서 버티는 것들이 있다. 상념의 무덤 속 부장품들이다. 다 짜내고 다 보내고 다 털어버려도 남아 있는 그것은 분신이다. 영혼이고 자존심이다. 시린 등뼈다. 억울한 세월이다. 오기다. 바람이다. 인내다. 더할 수 없이 아름다운 짝사랑이고 열정이다.

2012년

웃어주는 일

　선택은 늘 갈등을 동반한다. 할 것인가 말 것인가, 이럴 때 나는 늘 하는 쪽을 택한다. 일단 저질러놓고 보는 위험형에다 대책 없는 긍정파다. 교회의 소망부 교사를 제안받았을 때만 해도 그랬다.
　소망부는 정신지체장애아들을 모아놓고 예배를 드리는 공간이다. 장애아 한 명을 교사 한 명이 맡는다. 교회라는 공간이 안전한 곳이기는 하지만, 무슨 일을 저지를지 알 수 없는 아이들이라 한시도 눈을 뗄 수 없다. 차량 봉사자들이 집으로 아이들을 데리러 가고, 예배가 끝나면 데려다 준다. 선생님들은 어디로 튈지 모르는 공 같은 아이들을 보호하고 무사히 부모에게로 돌려보내야 하는 의무를 갖는다.
　아주 기본적인 교사 교육을 받았다. 그들의 행동이나 심리에 대한 강의를 들으면서 걱정도 되고 호기심도 생겼다. 그들을 내 기준으로 생각하지 말며 행동하지 말라. 한 가지를 익히고 말귀를 알아듣는 데 한 달, 아니 일 년이 걸릴 수도 있다. 교사는 인내를 가지고 수없이 반복을 해야 한다.

처음으로 소망부 교실에 들어섰다가 눈앞의 광경에 주춤하고 말았다. 괴성을 지르는 아이, 뛰어다니는 아이, 피아노를 쿵쾅 눌러대는 아이, 아이는 달아나고 교사는 쫓아가는 진풍경이 벌어지고 있었다.

내게 맡겨진 장애아는 서른 살의 청년이다. 키는 크지만 왜소하고 말이 어눌하다. 이야기하는 걸 빤히 쳐다보는 모습이 뭔가를 이해하는 것 같기도 하고, 도통 모르는 것 같기도 해서 나까지 애매한 표정을 짓게 된다. 어쨌든 초보교사라고 많이 봐준 듯 비교적 얌전하여 조금은 안심이다.

소망부 교사를 권유받을 때, 봉사니 헌신이니 하는 거창한 명분 말고, 그냥 지체가 부자유한 아이들 옆에 있어주고 지켜보기만 하면 되는 일이라고 했다. 교사 경험이 없는 내가 성한 아이들도 아니고 장애아들의 선생 노릇은 감히 상상 못한 일이라 일언지하에 사양하였다.

손사래를 치며 거절했지만 마음이 불편했다. 누군가가 그랬다. '이젠 나이도 들었으니 어딘가에 가서 봉사를 해야겠다.' 나이 들었다는 말에 가슴이 쿵하며 나이든 만큼 나도 뭔가 해야 하지 않을까 하고 한동안 생각이 많아졌다.

 봉사는 결코 쉬운 일이 아니다. 시간이 남아서 하는 것도 아니고 할 일이 없어서 하는 것도 아니다. 누구의 강요 때문은 더욱 아니다. 교회 안에도 많은 봉사자들이 있다. 교사, 안내, 식당 설거지, 화장실 청소, 주차원 등. 그들의 손길이 있기에 나름의 질서가 유지되고, 주일날 많은 사람들이 점심 한 그릇을 먹을 수 있다. 그동안 적당히 교회 문턱이나 넘고 다니며 교인 흉내 내기에 그쳤던 내 모습이, 조금씩 부끄러워지기 시작한 것이 결국 승낙의 계기가 되었다.

 이순耳順의 나이에 들면 세상일을 순리에 따른다고 한다. 무엇이 옳고 그른지를 분별할 줄 알며 어떻게 살아가야 하는지 깨닫는 나이기도 하다. 다만 마음은 움직이는데 몸이 따라주지 않아 매사가 귀찮아져서 탈이다. 마음으론 되는 것도 안 되는 것도 없다. 안방에서 부엌까지 가는 데 한나절 걸릴 때도 있고, 컴퓨터 앞에 앉는 데 며칠이 걸리기도 한다. 마음이 순종하면 몸은 자연히 따라가는데 마음먹는 것이 늘 어렵다.

 K는 묻는 말에만 대답한다. 대답도 '예, 아니요' 단답형에 간단명료하다. 내가 해 줄 수 있는 건 별로 없다. 눈이 마주치면 웃어주고, 손을 잡아 주고, 아직은 쑥스럽지만 다른 교사들처럼 아이와 머리를 맞대고 기도한다. 엉거주춤 율

동을 따라하고, 식당에서 밥 먹는 걸 챙길 정도다.

고백하면 나는 그동안 정상아가 아닌 사람들과 가까이한 적이 없다. 그들을 나와는 별개의 사람이나 부류로 생각해 왔다. 그런 내가 그들 속에 섞여 편안한 마음을 갖기는 쉽지 않다. 처음엔 그냥 희죽거리는 얼굴을 정면으로 바라보는 데도 가슴이 방망이질을 했다. 막무가내로 옆으로 비집고 들어오고, 옷을 들추고, K의 반벙어리 발음을 나는 못 알아듣기 일쑤다. 서로 멀뚱거리다가 어색한 침묵 속에 빠지기도 한다. 결국 아이에게 다가가는 길은 손을 잡아주거나 등을 토닥거려주고 웃어주는 일이다.

이제 그들을 보는 마음이 조금 편안하다. 그들은 몸속의 어느 한 부분이 잘못 맞춰졌거나, 어느 한곳의 기능이 제 역할을 못하여 조금 부족할 뿐이다. 그들을 상대로 하는 목사님의 성경말씀이 내 수준에 맞는 것도 편안함을 준다. 어쩌면 내 의식은 무의식중에 아이들의 수준으로 맞춰지고 있는지도 모르겠다.

물감으로 글씨를 쓰며 놀 때 우리는 친구다. 점선을 따라 가위질하는 서툰 동작에 손이라도 베일까, 침을 꼴깍 삼키며 바라볼 땐 엄마의 마음이 된다. 작은 일에도 칭찬을 하고 맞장구치며 손을 잡을 땐 장애자 손자를 둔 할머니의 안타까운 마음을 짐작하게 한다.

세상에 온전한 이가 얼마나 될까? 요즘 사회는 수많은

장애아들을 양산해 낸다. 마음이 비뚤어지고 생각이 모가 난 사람들이 얼마나 많은지, 연일 터지는 사건들 속의 많은 사람들이 신체적 장애 못지않은 마음의 장애를 앓는 이들이라면 반박하고 나설 이가 많지 않을 듯하다.

　K가 두리번거리며 교실로 들어온다. 나를 찾고 있는 것 같다. 손을 흔들며 이름을 부르자 온몸을 흔들며 다가온다. 오늘따라 가슴이 울컥한다. 나를 필요로 하는 어떤 존재 앞에서 느끼는 주체할 수 없는 이 감정의 정체를 굳이 이름 지을 필요가 있을까. 그것이 기쁨이든 연민이든 숨기고 싶지 않다.

　K의 손을 꼭 잡아본다. 전에는 움찔하더니 이젠 전혀 거부감이 없다. 시선이 마주치면 슬며시 외면하더니 이젠 무릎이 닿아도 피하지 않는다. 이렇게 서로 편안해지며 정이 드는가 보다. 예쁜 여교사가 "오른손 위로~ 왼손 위로." 하고 율동을 한다. 절도 있는 동작이 아니면 어떤가. 서로 마주보며 웃으면 따뜻한 열기가 가슴 안으로 차오른다. 봉사라고? 천만의 말씀이다. 내가 하는 일이란 고작 웃어주는 일일 뿐.

중산층별곡

　우리 집은 귀가 밝은 남향집이다. 밤중에도 빗소리와 골목길을 지나가는 바람 소리를 들을 수 있다. 뒷집 담밑에 가죽나무 한 그루가 실하게 서 있다. 나무는 사계절의 변화를 느끼게 할 뿐만 아니라, 마주 보이는 이웃집 사이에 가리개 역할을 하기도 한다.
　부엌 창문 밖으로 사람들이 지나다니는 모습을 늘 볼 수 있다. 사람들의 생동감 넘치는 소리, 사직구장에서 야구가 열릴 때면 함성소리도 들린다. 가끔 골목의 담벼락 밑에 어린 연인들이 서 있는 것을 볼 때도 있다. 골목길 안에는 운치 있는 오래된 돌담집이 있다. 담 사이로 풀들이 비집고 나오는데 때로 잊고 있던 풀꽃을 만나기도 한다. 봄이면 노란 민들레가 골목의 길바닥에 피기도 하고, 여름이면 줄장미가 담 밖으로 화사하게 피는 초록 대문 집. 그 집 안엔 등이 활처럼 굽은 노인이 살고 있다. 빤히 보이는 길 건너의 기와집 물받이에서 게으르게 낮잠 자는 고양이를 볼 때도 있다. 전철역이 코앞에 있는데도 불구하고 이곳은 세월이 비켜가는 곳처럼 한가롭다.

새벽녘 신문을 가지러 나가면 나뭇가지 사이로 하현달을 보기도 한다. 뒷집 할아버지는 일찌감치 그 시각에 약수를 받아가지고 오신다. 부지런한 어른이 이웃에 떡하니 큰 기침을 하며 살고 있으니 마음이 한결 든든하다.

세상살이 마음먹기에 달렸다는 말은 누군가를 위로하려는 말인 것 같다. 나는 편리하게도 긍정의 의미로 받아들인다. 요즘 사람들은 심심하면 한마디씩 세상이라는 웅덩이에 돌을 던진다. 그때마다 일파만파로 파문이 인다. 얼마 전 SNS 세상이 온통 난리였다. 어느 신문에 '유럽과 우리의 중산층 비교' 기사가 독자들에게 충격을 준 탓이다. 그동안 중산층이라고 여기며 살았던 대다수의 사람들이 멋지게 서민층으로 미끄러졌다.

우리나라 사람들이 생각하는 중산층은 첫째가 빚이 없어야 한다. 그건 맞는 말이다. 30평 넘는 아파트와 월 500만 원의 수입, 2000cc급 이상의 중형차를 소유해야 한다. 이쯤에서 가을바람에 낙엽 지듯 계급장 떨어지는 소리가 우수수 들린다. 언제나 찾아 쓸 수 있는 돈이 1억쯤은 있어야 하고, 해마다 해외여행을 다닐 수 있는 처지라야 한다.

이런 엉터리 중산층의 기준을 봤나. 1억은 고사하고 몇 백만 원도 쟁여두고 못 사니 그 부류에 들긴 글렀다. 빚이야 없으면 좋지만 빚지고 싶은 사람이 어디 있겠는가. 지긴 쉬워도 갚기는 어려운 게 빚이다. 작은 이층집에서 20년 넘게 살고 있는 사람으로서 딱히 할 말이 없다. 가뜩이나 주위에선 집을 헐었다 하면 원룸이니 빌라니 짓는 통에 낡은 집은 상대적으로 꾀죄죄해 보인다. 사람마저 자꾸만 쪼그라드는 느낌은 꼭 나이 탓만은 아니지 싶어 속이 상하는 판에 이런 개념 없는 한국의 중산층 기준이라니, 나만 느끼는 모멸감일까.

미국의 심리학자 에드 디너는 "한국인의 낮은 행복감은 지나친 물질주의 탓."이라고 했다.

그렇다면 반대로 부자에게 당신은 행복한가, 하고 물었을 때 과연 '그래요. 나는 행복합니다.' 하고 말할 사람이 얼마쯤 될까. 천석꾼은 천 가지 걱정, 만석꾼은 만 가지 걱정이라고 했다. 그 말은 부자가 꼭 행복한 건 아니라는 말일 것이다. 요즘 무슨 조사를 했다 하면 최고로 좋은 것도 나쁜 것도 한국이다. 눈부신 경제성장, 수출, 특히 IT산업의 성장은 괄목할 만하다. 반대로 실업이나, 자살률, 술 소비 같은 건 최악이다. 요즘 우리 사회는 정신보다 물질이 좌우하고 그 모든 잣대는 가진 것의 유무로 양분된다. 신문의 사회면 또한 양극화로 치닫는 기사들뿐이다.

중산층은 물질로서의 문제가 아니라 삶의 질에서 우위가 되어야 한다. 우리나라가 가난에서 벗어나기 위해 모두가 한마음이 되어 협동 단결을 외칠 때, 이미 프랑스에서는 삶의 질을 논했다고 한다. 한 가지 이상의 외국어와 악기를 다룰 줄 알며 스포츠를 즐기고 자식을 교육시켜 자립시키는 것. 거기에 이런 몇 가지가 보태어져서 중산층의 기준이 되었다고 한다. 남들과 다른 맛을 내는 별미 하나 정도는 만들어 손님을 대접할 줄 알며, 사회봉사단체에 참여하여 활동하고, 남의 아이를 내 아이처럼 꾸짖을 수 있을 것, 사회정의가 흔들릴 때 이를 바로잡기 위해 일어설 줄 알 것.

미국의 중산층 기준은 마치 정의正義의 선서 같다. 자신의 주장에 떳떳하고, 사회적 약자를 도우며, 부정과 불법에 저항할 줄 알고, 정기적으로 받아보는 비평지가 하나쯤 있어야 한다.

신사의 나라라고 하는 영국의 중산층 개념은 또 어떤가. 마음을 경건하게까지 한다. 페어플레이를 할 것, 자신의 주장과 신념을 가질 것, 나만의 독선을 지니지 말 것, 약자를 두둔하고 강자에 대응할 것, 불의, 불평, 불법에 의연히 대처할 것.

어느 것 하나도 내가 고개를 끄덕일 만한 것이 없다. 똑 부러지게 할 줄 아는 것도 없는 데다 가졌다고 할 만한 것도 없으니 말이다. 마음을 내어 한 달에 두어 번 영화를 보는 것, 큰 마트 안에 서점이 있어 짬짬이 들러 책을 훑어보는 것, 다 읽어내지 못할 만큼 많은 수필집들을 보내주는 이들이 있어 고마운 것, 정기적으로 오는 서너 권의 문예지와 비평지를 기다리는 것, 후원이랄 것도 없지만 인연 닿은 나라의 한 아이가 보내오는 엽서를 모으는 재미, 부모의 형편을 알고 그에 맞춰 소박한 결혼을 한 삼남매. 하루가 멀다고 시시콜콜 보내오는 자식들의 문자와 손자들의 동영상을 들여다보는 것으로 하루가 길고도 짧다.

요즘 결혼문화를 바꾸자는 캠페인이 벌어지고 있다. 말깨나 하고 역량 있어 보이는 상류층 사람들이 솔선수범하는 모습이 보기에 좋다. 아이들을 다 출가시키고 나니 할 일을 다한 듯 홀가분하다.

우습지만 나는 별 힘도 없으면서 약자를 두둔하고, 불의에는 참지 못하는 성질머리를 가졌다. 불법에는 쌍심지를 세우는 걸 정의감이라고 믿는 소시민이다. 길바닥에 껌 한번 힘 있게 뱉어본 적 없는 소심함을 착한 것으로 착각도 하고, 휴지 한 조각 마음 놓고 버리지 못하는 것을 두고, 도덕심만은 중산층 아닌 상류층 의식을 가진 때문이라고 스스로를 두둔하기도 한다.

일찍이 조선시대쯤에 태어났더라면 어땠을까. 두어 칸 집에 두어 이랑 전답이 있고, 겨울 솜옷과 여름 베옷 두어 벌, 서적 한 시렁, 거문고 한 벌, 햇볕 쬘 마루와 차 달일

화로 하나, 늙은 몸 부추길 지팡이와 봄 경치 찾아다닐 나귀 한 마리, 의리를 지키고 도의를 어기지 않으며 나라의 어려운 일에 바른 말하고 사는 것.

그 시절에 살았더라도 나귀 한 마리 값이 지금의 중형차 수준은 되지 않을까. 아마 그때도 나는 한량 같은 중산층을 꿈꿀 뿐, 밭고랑에 엎드려 김을 매고 호미 끝으로 글줄이나 그을 줄 아는 백성이었을 것이다. 매사 어중잡이가 어느 시대에 태어난들 별수 있겠는가.

큰 욕심 부리지 않으니 아무려나 지금도 살 만하다. 물질은 비대한 몸뚱일 편하게 할 뿐이라고, 중산층이면 어떻고 상류층이면 어떤가. 도도한 의식만은 미끄러지지 말고 단단히 붙잡고 살 일이다.

2013년

부엉이 눈알 같은 손님

"노가다 하셨어요?"

의사가 MRI 화면을 들여다보며 건조한 목소리로 말했다. 일용직 근로자나 막일을 하는 사람들을 우리는 흔히 노가다라고 한다. 의사의 말은 그리 나이 들지 않은 여자의 무릎 연골이 왜 이렇게 되었느냐는 힐난으로 들렸다.

어머나, 노가다 한 게 보이나 보죠? 그래요. 노가다 오래 했지요. 내 삶의 어느 한 순간도 노가다가 아닐 때가 없었지요. 무거운 책장사도 하고, 용을 써가며 밥장사도 하고, 생각해 보니 살아온 날들이 다 노가다였던 거 같아요. 그래서 어떻게 하라고요?

가끔 나는 얼마나 용기 있는 척하는지. 느릿하니 흐르던 물이 어떤 장애물을 만났을 때 '꾸르륵' 소리 지르며 물줄기를 비트는 것처럼, 느려터진 내 의식도 일순에 확 돌 때가 있다. 내 무릎 공사를 하자는 거군요. 전기톱으로 뼈를 자르고, 끌로 염증을 파내고, 망치로 인공관절을 박자는 거지요?

허리를 잔뜩 구부리고 누웠다. 한 마리 콩 벌레만도 못한 가엾은 몰골로 웅크리고 있으니 눈자위가 뜨끈해진다. 이깟 일로 눈물이 나올리는 없고 아마도 척추에 꽂은 그 놈의 약물 때문이겠지. 까무룩 내 의식은 먼 대양 속 심연의 바닥으로 가라앉는다.

봄은 느릿느릿 지나갔다. 벚꽃이 피고 라일락이 지고 그러는 동안 비가 제법 자주 내렸다. 창밖으로 보이는 가로수의 녹음은 점점 짙어 가는데, 내 감정은 작은 것에도 비틀거렸다. 다리에 느껴지는 묵직한 통증은 산마루를 물들이며 마을로 내려오는 안개 같다가, 날카로운 칼날이 스쳐간 자리에 약을 바르는 것 같기도 하다가, 귀에서 멍 하는 소리로 바뀌기도 하였다.

때론 잠이 약보다 낫다. 눈꺼풀만 붙으면 오던 잠은 어디로 가버렸는지 작은 소리 하나에도 몸 안의 섬모들이 고개를 쳐들었다. 하룻밤에도 서너 번씩 일어나고, 그때마다 무슨 의무처럼 화장실을 들락거렸다. 수면방해의 주범이 과민이라고? 의사는 '과민성 방광' 진단을 추가했다. 전혀 예

민한 구석이라곤 없는 내 안에도 과민이란 씨알 먹히지 않는 종자가 있단 말이지? 보이지도 만져지지도 않는 것에게 사정이라도 하듯, 외씨 반 쪼가리만 한 약에 의존하는 자신이 말할 수 없이 무참無慚했다.

의사의 감정 실리지 않은 눈빛이 다가온다. 다리가 순간 긴장으로 오그라든다. 꾹-꾹-꾹 무릎을 누르는가 싶더니 사정없이 다리를 꺾어버리는 비정한 그의 본분本分. 온몸의 신경줄기가 단말마의 신음을 지르며 머리끝으로 치솟는다.

그래 난 늘 꺾는 데 익숙했지. 작은 꽃이나 나뭇가지를 생각 없이 꺾곤 했지. 가끔은 기센 남자의 고집을 꺾으며 의기양양했지. 그들도 꺾일 때 이리 아팠겠지. 꺾여보니 알겠다. 꺾인 자의 고통, 상처, 수치, 물리적 힘 앞에 주저앉는 약자의 비애. 상대의 자존감 따위 안중에 없이 멋대로 폭력을 휘두른 오만이 언젠가는 터져버려야 할 종기 같은 거였나.

언제쯤이면 무거운 이물감을 느끼지 않을 수 있나요? 자연스럽게 예전의 내 다리로 걸을 수는 있나요? 환자의 투정은 애초에 박살을 내야만 딴 소리를 못한다는 듯 의사의 눈빛이 싸늘해졌다.

"이제 그 다리가 당신 다리요. 전과 같은 다리는 없소."

무안을 당한 건 한 번으로 족하다.

무릎이 조금씩 회복되면서 상처에 대한 연민의 딱지도 떨어졌다. 지렁이 모양의 흉터 안에 자리 잡은 부엉이 눈알 같은 5백 그램의 구슬. 구슬은 원래 귀한 보물 같은 것이다. 그런 보물이 내 몸의 일부가 되었으니 참으로 귀한 손님 같은 존재가 아닌가. 평생 내게서 떠나지 않을 손님이라면 정중히 대접 하리라.

하루에도 몇 번씩 그가 불편하진 않는지, 앉은 자리가 삐걱거리지는 않는지 살핀다. 찬 물수건으로 열을 식혀주기도 하고 부드럽게 마사지도 해 준다. 있는 듯 없는 듯 고분한 그가 고맙다.

오늘도 부엉이 눈알은 나를 밝힌다. 실핏줄 속의 그에게 혈맹의 동지애를 느낀다. 우린 이제 한 몸이다. 길을 가다 돌부리를 보면 피하고 신호등 앞에선 숨을 고른다. 힘들어하는 기미가 보이면 아무 곳에나 엉덩이를 붙이고 앉는다. 바람에 몸을 맡기고, 지나가는 소리들에 귀를 기울인다. 무심의 경계 안에 들어선 듯 어느 때보다 내 안이 고요하다. 누가 그랬던가. 멀리 가려면 함께 가라고. 내 마지막 순간까지 함께할 동지를 얻은 것은 얼마나 다행한 일인가.

【연보】

1953년 경북 김천 출생
　　　　김천여자고등학교와 한국방송통신대학 국문과 졸업
1990년 ≪문학예술≫ 여름호 〈전동에서의 겨울밤〉으로 신인상 등단
1991년 부산문인협회 입회
1994년 국제신문 〈뜨락〉 연재
1994년 첫 수필집 ≪실뫼골에 잠긴 바람≫ 상재
1995년 ≪에세이문학(수필공원)≫ 추천 완료.
1995년 국제PEN한국본부 회원
1995년 동백문학상 수상
2001년 ≪동백수필≫ 회장
2002년 부산문화재단 창작지원금 수혜
2002년 제2 수필집 ≪봄물을 탐내다≫ 상재
2004년 에세이부산 회장
2004년 22회 현대수필문학상 수상
2004~ 2009년 부산문인협회 이사
2005년 명수필2 작품 〈숫돌〉 수록 _을유문화사
2009년 부산문화재단 창작지원금 수혜
2009년 제3수필집 ≪뿔≫ 상재

2009년 14회 국제문화예술협회 수필본상 수상
2011년 부산수필문예 작품상 〈벌레〉
2013년 부산문인협회 수필분과 이사
2014년 부산문화재단 창작지원금 수혜
2014년 제4 수필집 ≪따뜻한 그늘≫상재
2016년 부산수필문인협회 부회장
       부산수필문예 대상
2019년 부산문인협회 이사
       부산수필문인협회 감사
       수필선집 ≪세상과 세상 사이≫ 출간

현대수필가 100인선 Ⅱ·29
송연희 수필선

세상과 세상 사이

초판인쇄 | 2019년 03월 10일
초판발행 | 2019년 03월 20일

지은이 | 송 연 희
펴낸이 | 서 정 환
펴낸곳 | 수필과비평사·좋은수필사

주 소 | 서울시 종로구 삼일대로 32길 36,
         (익선동 30-6)운현신화타워 305호
전 화 | 02)3675-5635, 063)275-4000
등 록 | 제300-2013-133호
홈페이지 | http://www.shinapub.com
e-mail | essay321@hanmail.net

값 8,000원

ISBN 979-11-5933-213-5   04810
ISBN 979-11-85796-15-4   (세트)04810

* 저자와 협의하여 인지는 생략합니다.
* 잘못된 책은 바꿔 드립니다.

이 도서의 국립중앙도서관 출판시도서목록(CIP)은 서지정보
유통지원시스템 홈페이지(http://seoji.nl.go.kr)와 국가자료
공동목록시스템(http://www.nl.go.kr/kolisnet)에서 이용하실
수 있습니다.(CIP제어번호: CIP2019010331)